Arvo Tuominen

Stalins Schatten über Finnland

Erinnerungen des ehemaligen Führers der finnischen Kommunisten

Übersetzt von
Hans Jürgen Baron von Koskull

Herderbücherei

Veröffentlicht als Herder-Taschenbuch
Die Originalausgabe erschien
unter dem Titel „The Bells of the Kremlin"
bei University Press of New England, Hanover, New Hampshire

Buchumschlag: Werner Bleyer

Herder Freiburg · Basel · Wien
Herstellung: Freiburger Graphische Betriebe 1986
ISBN 3-451-08282-9

Inhalt

Die Familie: Hammerschläge der Gerechtigkeit

In unserem Haus galt die Regel – und sie hat uns Kinder verwirrt und oft geärgert –, daß wir jungen Leute unsere Mahlzeiten am Tisch stehend einnehmen mußten. Das Privileg, sich zum Essen hinsetzen zu dürfen, wurde nur dem zugestanden, der sich mit regelmäßiger Arbeit selbst sein Geld verdiente.

Ich erinnere mich noch an die feierlichen Augenblicke, die sich etwa alle zwei Jahre wiederholten, bei denen mein Vater einem von uns erklärte, er dürfe sich von nun an zum Essen hinsetzen, weil er an diesem Tage begonnen hatte, seinen Lebensunterhalt in der Tischlerwerkstatt zu verdienen.

Wenn man allerdings bedenkt, daß unsere Hütte nur aus drei Räumen bestand – links das Wohnzimmer, rechts Vaters Werkstatt und dazwischen die Küche –, dann wäre es praktisch unmöglich gewesen, in unserem Wohnzimmer einen Tisch unterzubringen, der groß genug war, um jedem Familienmitglied einen Sitzplatz zu bieten. Der Platz hätte gereicht, solange die Familie noch klein war, aber vielleicht war diese Regel Ausdruck des Weitblicks meines Vaters.

Als mein Vater heiratete, machte er sich vor allem auf Drängen seiner jungen Frau selbständig. Bis dahin war er Stallknecht in einem Pfarrhaus gewesen; nun wurde aus ihm der „Tischler Tuominen“. Er baute sich in dem Dorf Kuotila in Hämeenkyrö, Westfinnland, ein Blockhaus und daneben eine kleine Tischlerwerkstatt. In diesem Blockhaus lebte und arbeitete er fast sechzig Jahre. Hier zeugte er siebzehn Kinder, sieben in seiner ersten Ehe, die zwölf Jahre dauerte, und zehn in der zweiten.

Im Lauf der Jahre erwarb er noch viele andere handwerkliche Fähigkeiten als Maurer, Anstreicher, Glaser und sogar als Baumeister. Und auf keinem dieser Gebiete war er ein Stümper, denn er brachte es nicht übers Herz, minderwertige Arbeit zu leisten. Mit seinem Geschick und seiner Gewissenhaftigkeit verdiente er genug, um uns auch in schweren Zeiten durchzubringen; unsere Familie hat niemals hungern müssen, auch wenn es uns an manchem fehlte. Aber sein Arbeitstag war gewöhnlich sehr lang, von vier oder fünf Uhr morgens bis acht oder neun Uhr abends.

Die vergleichsweise bequemen Lebensumstände unserer Familie hatten wir zum größten Teil der Vielseitigkeit und Tüchtigkeit meiner Mutter zu verdanken. Vor allem war sie eine hervorragende Köchin und konnte köstliche Mahlzeiten zubereiten, und zwar auch aus Zutaten, die andere Hausfrauen für wertlos hielten. Oft kochte sie bei festlichen Gelegenheiten für die Gutsbesitzer, und dann hatten auch wir Kinder die Gelegenheit, die von ihr zubereiteten wohlschmeckenden Gerichte zu kosten. Außerdem war sie eine perfekte Weberin und Schneiderin. Die ganze Familie einschließlich meines Vaters trug Kleidungsstücke, deren Stoffe sie gewebt und die sie genäht hatte, und als wir die Grundschule besuchten, waren wir stolz darauf, besser angezogen zu sein als die Kinder der Gutsbesitzer. Meine Mutter webte und nähte nicht nur für die eigene Familie, sondern viele Dorfbewohner gehörten zu ihrem Kundenkreis.

Bis heute habe ich ungezählte Male vergeblich versucht mir vorzustellen, wann und wie sie das alles geschafft hat; die Versorgung einer großen Familie und einer Kuh und im Sommer fünfundzwanzig bis dreißig Tage Feldarbeit für den Gutsbesitzer, bei dem unsere Kuh auf die Weide ging und der uns ein Stück Ackerland für Kartoffeln zur Verfügung stellte. Sie schien niemals in Eile zu sein. Die Erklärung liegt vielleicht darin, daß ihre Tage so lang waren, denn ich kann mich nicht erinnern, sie jemals im Bett gesehen zu haben, es sei denn sie war schwer krank. Abends wurden wir Kinder durch das Klappern des Webstuhls oder das Surren der Nähmaschine in den Schlaf gewiegt, und wenn wir am Morgen aufwachten, hörten wir schon die gleichen Geräusche.

Mein Vater war Tischler, er stand aber auch im Brennpunkt des religiösen Lebens in unserem Dorf. Er war ein orthodoxer Protestant, und die Verkünder des Gotteswortes, die Pastoren und die Laienprediger, die meines Vaters Überzeugungen teilten, kamen bei ihren Besuchen in der Gemeinde immer zuerst in unser Haus. Dann nahm sich unser Vater eine oder zwei Stunden Zeit für ein Gespräch mit ihnen. Gewöhnlich saß er dann in der Werkstatt auf seiner Werkbank, hielt den Hammer in der Hand, und wenn das Gespräch lebhafter wurde, schlug er mit dem Hammer auf die Bank, um seinen Worten besonderen Nachdruck zu verleihen.

Ebenso wie in religiösen Angelegenheiten war mein Vater auch in weltlichen Dingen ein angesehener Mann, der es als eine Art Dorfrichter verstand, Streitigkeiten zu schlichten. Sein Gerechtigkeitssinn und seine Unbestechlichkeit wurden von allen anerkannt. Gutsbesitzer, Pächter und Kleinbauern kamen oft in seine Werkstatt, um mit ihm über ihre Probleme zu sprechen und ihn um Rat zu fragen.

Wenn jemand versuchte, von der Wahrheit abzuweichen, oder Ansprüche stellte, die sich nicht rechtfertigen ließen, sauste der Hammer krachend auf die Bank nieder, und mein Vater ermahnte ihn scharf und mit lauter Stimme: „Du stehst auf der falschen Seite!“

Neben der Tischlerbank stehend oder auf der Hobelbank sitzend verfolgte ich diese Gespräche mit großer Aufmerksamkeit, und die Hammerschläge wirkten auf mich wie feierliche Bestätigungen von Urteilssprüchen aus einer anderen Welt.

Bei meinen Wanderungen und Versuchen, die Welt zu „verbessern“, bin ich mir stets der Tatsache bewußt gewesen, daß mich ein unsichtbares Band mit dem Elternhaus verbindet, das mich in gewisser Weise daran gehindert hat, so weit zu gehen, wie es die Ideologie und die Lehrsätze, denen ich folgte, oder die ausdrücklichen Befehle, die ich von meinen Vorgesetzten erhielt, gefordert hätten.

Pilgerfahrt zum Kommunismus

Im Herbst 1912, nachdem ich achtzehn Jahre alt geworden war, ging ich nach Tampere, einer Industriestadt 160 km nördlich von Helsinki, um ebenso wie meine drei älteren Brüder vor mir eine Tischlerlehre zu beginnen.

Vor allem wollte ich mich weiterbilden und in den Arbeitnehmerorganisationen mitarbeiten. Zwei oder drei Tage nach meiner Ankunft in der Stadt ließ ich mich im Arbeiterinstitut einschreiben, und hier habe ich während der folgenden sechs Jahre, die ich in Tampere blieb, den größten Teil meiner Freizeit zugebracht. Während dieser Jahre habe ich dort kaum einen Vortrag oder eine Vortragsreihe versäumt.

Noch wichtiger allerdings wurde für mich ein Studenten-Club. Wir trafen uns fast jeden Abend nach den Vorlesungen entweder in den Räumen des Instituts oder in der Cafeteria neben dem Versammlungsraum der Arbeiter. Es gab viele Fragen zu erörtern, und meist blieben wir bis tief in die Nacht zusammen. Wir verfolgten aufmerksam die Lage an den Fronten und die allgemeine Kriegslage und analysierten unsere Erkenntnisse wie richtige Militärexperten. Zwar hatte jeder von uns zu allen Problemen eine eigene Meinung, aber in einem waren wir uns einig; wir hofften auf die Niederlage Rußlands und den Sturz des Zarismus, der wiederum zur Unabhängigkeit Finnlands führen sollte.

Mitte März 1917 kam die Revolution auch nach Tampere. Ein von russischen Matrosen besetzter Zug aus Helsinki hielt auf dem Bahnhof, die Matrosen stiegen aus und schnitten als erstes die Messingspitzen von den Achselschnüren der Bahnpolizisten. Dann gingen sie in ein Restaurant, wo russische Offiziere von der Näsi-See-Flotte (es gab tatsächlich ein solches Kommando) Mittag aßen. Hier überreichten sie jedem Offizier eine rote Kokarde. Nach einigem Zögern hefteten die überraschten Männer, einer nach dem anderen, die Kokarden an ihre Uniformen. Nur der Flottenbefehlshaber – ein Konteradmiral, vielleicht aber auch ein Flottenadmiral – weigerte sich.

Darauf zog der Führer der Matrosen einen Revolver, fuchtelte damit herum und fragte streng: *„Vgolowu ili vgrud?"* („in den Kopf oder in die Brust?") Mit zitternden Händen heftete der grauhaarige Admiral die Kokarde an seinen Uniformrock.

Die nun folgenden Ereignisse bedeuteten das Ende all meiner Pläne, ein friedliches Leben an der Hobelbank zu führen.

In den Wahlen von 1916 hatten die Sozialdemokraten die Mehrheit im Parlament gewonnen, einhundertdrei von zweihundert Sitzen, und der Sozialdemokrat Kullervo Manner wurde Parlamentspräsident.

In der Jugendorganisation der Gewerkschaft und im Arbeiterinstitut ließen wir das Parlament hochleben und jubelten ihm zu. Wir hatten von einer sozialistischen Gesellschaft geträumt wie ein frommer Christ vom Himmelreich, und nun sahen wir die konkrete Möglichkeit, daß sich dieses Ideal mit parlamentarischen Mitteln schrittweise verwirklichen ließ.

Aber in den ersten Augusttagen des Jahres 1917, in dem Augenblick, als unsere Begeisterung für den Parlamentarismus den Höhepunkt erreicht hatte, kam die erschütternde Nachricht, daß das Parlament aufgelöst worden war. Die Auflösung war von der Russischen Provisorischen Regierung erwirkt worden, aber nach vertraulichen Informationen, die uns über die verschiedensten Kanäle erreichten, hatten die Führer unserer bürgerlichen Parteien – oder wenigstens viele von ihnen – darauf gehofft und sich mit den Russen verbündet, um die Auflösung herbeizuführen.

Bei unzähligen Gelegenheiten waren wir in unseren Clubs zu dem Schluß gekommen, daß wir die Russen loswerden müßten, je eher desto besser. Aber allmählich vollzog sich ein Meinungsumschwung. Wir fragten, ob es denn richtig sei zu schreien, „Russkis geht nach Hause!" Konnten nicht auch wir sie zu unserem Vorteil benutzen, um das Parlament aufzulösen oder irgendwelche anderen illegalen Maßnahmen zu ergreifen, die sich nur mit Macht und Gewalt durchsetzen ließen? Als sich das politische Spektrum in Rußland in jenem Frühherbst 1917 offenbar immer weiter nach links verschob, mehrten sich unsere Hoffnungen, daß sich vielleicht auch die Arbeiter gemeinsam mit den russischen Soldaten politisch würden betätigen können.

Vom Tischler wechselte ich zum sozialdemokratischen Redakteur, und zwar zu einer Zeit, als die Redaktion jeder Zeitung der Arbeiterbewegung einem Frontkommando glich, wo die Lehrlinge und Hilfsredakteure sehr bald zu Redakteuren oder Chefredakteuren befördert wurden, wie auch im Kriege aus Korporälen rasch Generäle werden können. Als in Finnland im Januar 1918 der Bürgerkrieg ausbrach (es war auch ein Unabhängigkeitskrieg), erlebte auch ich innerhalb weniger Monate den Aufstieg über die ganze Stufenleiter der Redaktionshierarchie bei der Zeitung *Kansan Lehti*; im Januar war ich noch Hilfsredakteur und wurde schon im März zum Chefredakteur befördert. Irgendwie gelang es mir, die Zeitung in der zunehmend von den Weißen beherrschten Stadt herauszubringen, bis eines Tages eine Handgranate durch das Fenster in die Setzerei geworfen wurde. Einige mit Gewehren bewaffnete Angreifer kletterten herein. Ich mußte erkennen, daß damit die Arbeit der Zeitung ihr Ende gefunden hatte und zog mich unter Feuer in einen anderen Raum zurück, wo ebenfalls gekämpft wurde. Noch am gleichen Abend wurde ich im Verlauf eines Gefechts gefangengenommen und mit anderen Kriegsgefangenen in das Lagerhaus des Güterbahnhofs gebracht, wo man bereits Tausende von Männern, Frauen und sogar Kindern zusammengetrieben hatte.

Ich spürte instinktiv, daß die Arbeiterbewegung, nachdem sie sich für den revolutionären Kurs des bewaffneten Widerstandes entschieden hatte, der zu dieser Katastrophe führte, ihre Geschlossenheit nicht bewahren und nicht auf den vorher von ihr beschrittenen parlamentarischen Weg zurückkehren konnte. Mit kindlichem Vertrauen hatte ich das aus meinem Elternhaus übernommene Ideal der absoluten Gerechtigkeit auf die Ideale und Ziele der Arbeiterbewegung übertragen. Jetzt war dieses Gebäude in sich zusammengefallen.

Der erste Schritt, den die finnischen Führer der Rebellion im Mai 1918 nach ihrer Flucht nach Rußland unternahmen, war, daß sie, wie der Kommunistenführer Otto Wille Kuusinen es ausgedrückt hat, „aus ihrer alten Haut schlüpften".

In Petrograd, heute Leningrad, wurden diese Leute in dem Palais der ehemals unglaublich reichen Kaufleute am Kamennyi Ostrow untergebracht, und dort hielten sie in dem schon fadenscheinig und schäbig werdenden Luxus einer vergangenen Zeit ihre sonderbaren, an die Freimaurer erinnernden geheimen und halbgeheimen Konferenzen ab, auf denen jeder einzelne sich selbst peinigte und beschuldigte, um sich von dem Opportunismus der Sozialdemokratie zu reinigen.

Nach wenigen Wochen dieses selbstquälerischen Reinigungsprozesses faßte der gerissenste und intelligenteste unter ihnen, Kuusinen, die Ergebnisse in einer Broschüre mit dem Titel *Selbstkritik* zusammen. Darin suchte Kuusinen zu beweisen, daß die Sozialdemokratie auch in der revolutionären Form, die sie in Finnland bis 1918 angenommen hatte, die wertloseste aller Doktrinen sei. Während nun diese alten Sünden bekannt wurden und man zu beweisen suchte, daß dieser Weg die Revolution habe scheitern lassen, wurde die politische Linie für die Zukunft festgelegt. Mit anderen Worten, es war der Weg, den die von Lenin gegründete Russische Kommunistische Partei gegangen war: Die Diktatur des Proletariats unter der Führung der militanten Kommunistischen Partei. Die bisherigen Verwaltungsmethoden, die Zusammenarbeit der Parteien, die parlamentarischen Aktivitäten, die Arbeit der Gewerkschaften und so weiter wurden als wertlos und korrupt abgetan; jetzt sollte man sich nur noch auf die bewaffnete Revolution nach russischem Vorbild vorbereiten.

Das Programm der von Kuusinens Gruppe in Moskau gegründeten Finnischen Kommunistischen Partei enthielt die grundsätzlichen Beschlüsse, von denen sich die Partei bis heute nicht gelöst hat. Der erste Beschluß begann mit den Worten: „Die Arbeiter müssen sich energisch auf eine bewaffnete Revolution vorbereiten." Jedes legale Vorgehen war konterrevolutionär und hemmte nur die zur Revolution führenden Entwicklungen.

Ich schickte den Führern der Finnischen Kommunistischen Partei in Moskau und Petrograd meine Grüße und ließ ihnen sagen, ihre Anordnungen seien absurd. Wir in Finnland sähen derzeit keine Möglichkeit, die Revolution fortzusetzen oder mit Waffengewalt vorzugehen, und Rußland schiene zu sehr von dem eigenen Bürgerkrieg in Anspruch genommen zu sein, als daß es uns die Rote Armee zu Hilfe schicken könne. Ich für meine Person lehnte es kategorisch ab, mich irgendwie an der Aufstellung bewaffneter Gruppen zu beteiligen.

Sogar die radikalsten Arbeiter, auf deren Unterstützung sich die kommunistischen Führer bei der Errichtung ihres Paradieses verlassen hatten, strömten in großer Zahl zurück in die legalen öffentlichen Organisationen, die jetzt wieder ins Leben gerufen wurden, und entmachteten die bewaffneten geheimen Organisationen der Agenten der finnischen Kommunistischen Partei.

In einer solchen Lage bleibt einem klugen Heerführer nichts anderes übrig als sich dem Willen seiner Armee zu beugen. Deshalb begann der „Feldherr“ Otto Kuusinen neue Schlagworte zu verkünden, denen ich folgte. Auf diese Weise wurde ich mehr und mehr zum ideologischen Gefolgsmann Kuusinens und seines Stabes und geriet zugleich in ein hitziges Gefecht mit der Mehrheit der Führung der Finnischen Kommunistischen Partei in Petrograd.

Die ersten neuen Instruktionen, die ich von Kuusinen erhielt, waren die folgenden: „Werden Sie Mitglied der Sozialdemokratischen Partei und der Gewerkschaft, aber nur zu dem Zweck, Ihre Abkehr von den Tanner-Anhängern zu bewirken.“ Väinö Tanner war der Führer der Sozialisten.

Es gelang uns ohne weiteres, den Sozialdemokratischen Jugendbund auf unsere Seite zu ziehen. Auch die Übernahme der Parteiorganisation in Helsinki, der wichtigsten und größten im Lande, erfolgte relativ rasch. Ebenso konnten wir sehr bald die Parteiorganisationen in den meisten anderen Städten und in Nordfinnland für uns gewinnen. Zugleich übernahmen wir auch eine ganze Reihe von Zeitungen. Aber auf einer Sitzung, bei der ich versuchte, uns eine Druckerei der Tanner-Anhänger zu sichern, warf mich Väinö Tanner von dem auf der Bühne stehenden Vorstandstisch in die Kulissen, und mein Versuch scheiterte.

Nach etwa sechs Monaten gründeten wir eine neue Partei mit dem Namen Finnische Sozialistische Arbeiterpartei. Ich wurde ihr erster Parteisekretär. Als wir im Herbst in Helsinki unsere eigene Tageszeitung *Suomen Työmis* (Der Finnische Arbeiter) herausbrachten, wurde ich zum Chefredakteur ernannt. Im Mai 1920 fiel die finnische Föderation der Gewerkschaften in kommunistische Hände, und ich wurde stellvertretender Vorsitzender.

Im gleichen Jahr ging Kuusinen auf illegalem Wege nach Stockholm. Während seines ganzen Aufenthalts dort hielten wir die Verbindung zu ihm durch einen wöchentlichen Briefwechsel aufrecht. Seine Kuriere waren vor allem Schwedinnen, die mir kofferweise englische, französische und schwedische Publikationen ins Haus brachten. Es waren vor allem Modezeitschriften mit vielen leeren Seiten. In den Büros der Sozialistischen Arbeiterpartei hatten wir ein besonderes Bügeleisen, mit dem wir „die Texte herausbügelten". Wenn das heiße Eisen über die scheinbar leeren Seitenränder glitt, wurde der Text, der mit einer Alaun- oder Zitronensaftlösung geschrieben war, sichtbar. Dieselben Schwedinnen brachten unsere Antworten zurück nach Stockholm.

Im Februar 1921 brachte mir ein Kurier wieder eine Modezeitschrift. Als ich die leeren Blätter mit dem Bügeleisen bearbeitete, sah ich zu meiner Überraschung, daß der Text in Kuusinens Handschrift geschrieben war. Er teilte mir mit, Lenin habe ihm einen Brief geschrieben und ihn gebeten, nach Moskau zu kommen.

Lenin erklärte, er sei sich der Konflikte in der Finnischen Kommunistischen Partei bewußt, nähme aber keine Rücksicht auf sie und garantiere die Sicherheit Kuusinens. Er hoffte, Kuusinen werde so bald wie möglich nach Moskau kommen, denn er sei, wie ausdrücklich in dem Brief betont wurde, der einzige Mann, der ihm gegenwärtig helfen könne. Es handelte sich um den Entwurf des taktischen Programms der Komintern (der Kommunistischen Internationale).

In meiner Antwort bedauerte ich, daß Kuusinen augenscheinlich gewillt war, diese Reise zu unternehmen. Aber da wir nicht mit allen Tatsachen vertraut seien, weil eine so einflußreiche Persönlichkeit ihn zu sich rief und weil er selbst daran interessiert zu sein schiene, nach Moskau zu gehen, wagten wir es nicht, uns dagegen auszusprechen; wir hofften nur, er werde unsere Souveränität stärken und verhindern können, daß wir in die Klauen des Kommandos der Finnischen Kommunistischen Partei in Petrograd gerieten.

Die Faszination unseres Leiters Kuusinen war so überwältigend, daß wir nicht einmal auf den Gedanken kamen, unsere Teilnahme am Vierten Parteikongreß der Finnischen Kommunistischen Partei zu verweigern. Unsere Bereitschaft erhöhte sich teilweise auch dadurch, daß uns gleichzeitig eine Einladung zum Dritten Kongreß der Kommunistischen Internationale (Komintern) erreichte.

Ich wählte die als Delegierte geeigneten Persönlichkeiten aus; alle waren treue Gefolgsleute Kuusinens. Am 1. Juni 1921 brachen wir in kleinen Gruppen auf und benutzten einen geheimen, über die Karelische Landenge führenden Weg.

So hat also Kuusinen mein Schicksal bestimmt.

Lenins Moskau

Der Beginn des Moskauer Kongresses verzögerte sich um zwei Wochen, und Kuusinen war schuld daran. Es war seine Aufgabe, die Thesen für die Satzungen der Komintern zu formulieren. Aber er arbeitete sehr langsam. Selbst in seinen besten Zeiten konnte er täglich nur wenige Seiten schreiben, oft nur eine einzige oder eine halbe Seite.

Und so kam es, daß die nach Moskau gekommenen Delegationen Zeit genug hatten, sich die Stadt anzusehen. Fast täglich suchten wir Kuusinen auf, der sich Zeit für ein kurzes Gespräch mit uns nahm, schwarzen Kaffee trank, Zigaretten rauchte und dann fortfuhr, die Tage und Nächte am Schreibtisch zu vertrödeln. Bei unserem zweiten oder dritten Besuch lernten wir eine schöne Russin bei ihm kennen, die sich hier mit solcher Selbstverständlichkeit bewegte, daß wir unsere Überraschung zum Ausdruck brachten. Kuusinen sagte nur, sie helfe ihm mit Maschinenschreiben.

Eines Tages erhielt ich in meiner Twerskaja-Pension die Aufforderung, allein zu Kuusinen zu kommen.

„Nun, sehen Sie", sagte er nervös, „es handelt sich um eine gewisse peinliche Angelegenheit..."

Offenbar war die schöne Russin eines Tages erschienen, um als seine Assistentin bei ihm zu arbeiten. Sie hatte ihm auch wirklich wertvolle Hilfe geleistet, denn sie war ein gebildetes Mädchen, das auch die deutsche Sprache beherrschte, in der Kuusinen seine Thesen verfaßte. Kuusinen hatte zunächst geglaubt, ein Mitarbeiter Lenins habe sie ihm geschickt, um ihm seine schwierige und dringende Arbeit zu erleichtern. Doch dann machten ihn ihre Hilfsbereitschaft und Zuvorkommenheit stutzig, besonders als sie zu jeder Tages- und Nachtzeit erschien, um Kaffee zu kochen oder andere kleine Besorgungen zu übernehmen. Und gestern, als sie beim Kaffee und einem kleinen Imbiß saßen, hatte ihm das Mädchen gesagt, sie habe einen wichtigeren Auftrag als ihm Gesellschaft zu leisten und bei der Arbeit zu helfen.

Sie stünde schon seit langer Zeit im Dienst der Tscheka (der Gehcimpolizei), die ihr befohlen habe, Kuusinens Geliebte zu werden und festzustellen, ob er eine Reihe finnischer Kommunisten denunziert habe, die in Schweden und Norwegen verhaftet worden waren. Inzwischen schäme sie sich, einen solchen Auftrag übernommen zu haben.

Die Methoden der Tscheka waren so undurchsichtig, daß man nicht sagen konnte, ob das Mädchen dieses Geständnis aus eigenem Antrieb oder auf Befehl von oben abgelegt hatte. Kuusinen war stark beunruhigt, wie es jeder in seiner Lage gewesen wäre, denn der Schatten der Tscheka lag drohend über ganz Rußland. Aber Not macht erfinderisch.

„Ich habe mir gedacht, daß Sie, der Sie aus Finnland kommen und dort eine Zentralfigur sind, zu Lenin gehen und ihm die Situation erklären könnten“, sagte Kuusinen zu mir.

Das war ein Schock für mich! Zu Lenin gehen zu müssen, und dann in einer solchen Mission!

Lenins Büro war geräumig, spärlich möbliert und alles andere als luxuriös; einige mit Leder bezogene Clubsessel, ein paar gewöhnliche Stühle und ein großer Schreibtisch, dem man es ansah, daß er schon lange benutzt worden war. Lenin saß dahinter, aber als wir das Zimmer betraten, stand er auf und kam uns entgegen.

Der erste Eindruck war enttäuschend. In meiner jugendlichen Unschuld hatte ich geglaubt, große Männer müßten auch in ihrer äußeren Erscheinung beeindruckend sein. Ich selbst bin mittelgroß – fast 1,73 Meter –, aber Lenin war viel kleiner. Er machte einen erschöpften Eindruck, hatte ein bleiches Gesicht, ein wenig schräg gestellte Augen wie die eines Chinesen. Ich kann mich an ihre Farbe nicht mehr erinnern, aber sie waren voller Leben; schon bei der Begrüßung blitzten sie auf eine ganz besondere Weise, und nach einem kurzen Wortwechsel vergaß man völlig das Unscheinbare an der äußeren Erscheinung dieses Mannes.

Ich konzentrierte mich darauf, mein Anliegen so prägnant wie möglich vorzutragen. Zunächst berichtete ich von der Frau, die Kuusinen gestanden hatte, eine Agentin der Tscheka zu sein, dann von der Verärgerung Kuusinens darüber, daß der Chef der Tscheka, Dserschinskij, ihn verdächtigen könnte.

Ich sprach von der nervlichen Belastung, die es Kuusinen in den letzten vierundzwanzig Stunden unmöglich gemacht hatte zu arbeiten, und sagte, ich sei überzeugt, jeder Verdacht sei unbegründet. Lenin selbst kenne nach meiner Überzeugung die Zuverlässigkeit Kuusinens und wisse, die Vorstellung, Kuusinen könnte ein Agent der schwedischen oder norwegischen Polizei sein, sei lächerlich.

Ich erwähnte auch die Zeit, die Kuusinen als Flüchtling in Finnland zugebracht hatte und welches Ansehen er bei den revolutionären finnischen Arbeitern genoß. Die Partei, deren Generalsekretär ich war – die Finnische Sozialistische Arbeiterpartei – war auf Veranlassung von Kuusinen gegründet worden.

Lenin unterbrach mich und erklärte: „Seien Sie so gut und sagen Sie Kuusinen, daß dies eine Bagatelle ist. Ich verstehe nicht, weshalb man eine Frau zu ihm geschickt hat, die ihn beschatten soll. Offenbar haben irgendwelche Gegner von Kuusinen ihm irgendeinen kleinen Tschekabeamten auf den Hals gehetzt. Deshalb bitten Sie Kuusinen, in aller Ruhe weiterzuarbeiten. Der Kongreß hat sich schon seinetwegen verzögert, und er sollte nicht mehr viel länger warten müssen."

Hier lächelte Lenin und meinte: „Die Leute sagen immer ›Cherchez la femme?‹ und jetzt versucht eine Frau, unsere gute Arbeit zu verderben. Zuerst gelingt es mir unter großen Mühen, Kuusinen aus Stockholm hierher zu locken, und dann macht man den Mann nervös... Nein, ich kenne die Emigranten. Auch wir hatten seinerzeit Konflikte. Es lohnt sich nicht, sie ernst zu nehmen."

Er schien es eilig zu haben, die Angelegenheit zum Abschluß zu bringen. Zwar ließ er uns nicht wirklich fühlen, daß wir ihn mit einer Nebensächlichkeit belästigt hatten, aber wir konnten uns dennoch nicht dieses Eindrucks erwehren, besonders da er sofort anfing, sich nach den Verhältnissen in Finnland zu erkundigen. Es war schmeichelhaft und zugleich fast überraschend zu sehen, wie vertraut er mit der politischen und wirtschaftlichen Lage in Finnland und auch mit der Mentalität des finnischen Volkes war. Er schien sich wirklich für diese Dinge zu interessieren. Mancher finnische Emigrantenführer hätte die Fragen nicht stellen können, die Lenin uns vorlegte, besonders was die Lebensumstände der finnischen Arbeiter, die Beziehungen der Sozialdemokratischen Partei zum Bürgertum und die wirtschaftlichen Verhältnisse betraf, aber er konzentrierte sich besonders auf unsere sozialistische Arbeiterpartei. Er wußte, wie sie entstanden war und welche Stellung sie im Gewerkschaftsbund einnahm.

Nachdem ich berichtet hatte, welche Erfolge wir verzeichnen konnten, wieviele Zeitungen wir von den Sozialdemokraten übernommen hatten, über wieviele Mitglieder die Partei verfügte und so weiter, brachte er seine Dankbarkeit und Zufriedenheit zum Ausdruck und fand freundliche Worte für das finnische Volk im allgemeinen und besonders für sein revolutionäres Proletariat.

Zu Beginn unserer Unterhaltung hatte Lenin mit ganz ruhiger Stimme gesprochen, aber im weiteren Verlauf des Gesprächs wurde sein tiefer Bariton merklich lauter, wenn er mir plötzlich sehr ins Detail gehende Fragen stellte. Wenn eine Antwort zu langatmig zu werden drohte, unterbrach er mich mit einer kurzen Bemerkung oder Frage, als wollte er sagen, „zur Sache, zur Sache!"

Es war die nervenaufreibendste Befragung, der ich mich je habe stellen müssen, und sie dauerte mehr als eine halbe Stunde. Aber mit dem Ergebnis konnten wir zufrieden sein.

Ich habe später versucht, mir darüber klar zu werden, was in mir den Eindruck erzeugt hatte, es mit einem wirklich großen Mann zu tun zu haben. Ich bin zu dem Schluß gekommen, es müsse seine ungewöhnliche Fähigkeit gewesen sein, sowohl seine Mitmenschen als auch die behandelten Themen bis auf den Grund zu durchschauen. Nachdem man wenige Worte mit Lenin gewechselt hatte, schien er mir das intellektuelle Selbst seines Gegenüber zu durchleuchten wie ein Röntgenapparat die Materie durchleuchtet. Mit einem Blick und nach zwei oder drei bohrenden Fragen stellte er fest, wer man war und was man wußte. Es hatte keinen Sinn, sich zu drehen und zu wenden oder klüger scheinen zu wollen als man war.

Die Vorbereitungen für den Kongreß übernahm ein Exekutivkomitee, dessen finnische Mitglieder Kuusinen, Sirola und Manner waren. Als das Komitee schon gleich zu Beginn durch nationale Delegierte erweitert werden durfte, sorgte Kuusinen dafür, daß ich als Mitglied aufgenommen wurde. So gehörte ich schon 1921 als sogenanntes „Ko-op-Mitglied" zum Exekutivkomitee der Komintern.

Die Erregung, von der ein junger Kommunist ergriffen wurde, der zum ersten Mal an einer Sitzung des Exekutivkomitees teilnehmen durfte, läßt sich kaum beschreiben. Jetzt würde er die Gelegenheit haben, alle die großen Architekten des neuen Paradieses und die für den Sturz der alten verrotteten Welt Verantwortlichen zu sehen, die er bisher nur dem Namen nach gekannt hatte. Die Spannung steigerte sich noch durch den Umstand, daß Kuusinen und Sirola dem Ereignis ganz ungerührt entgegenzublicken schienen, obgleich die Sitzung schon um drei Uhr beginnen sollte.

„Wir werden Glück haben, wenn wir um fünf Uhr anfangen können", sagte Sirola. „Das ist hier so üblich."

Der Beginn jeder Sitzung verzögerte sich um mindestens zwei Stunden. Die Beratungen konnten erst nach dem Eintreffen Lenins anfangen, und auf seinem Terminkalender drängten sich die verschiedensten Verpflichtungen.

Das Exekutivkomitee tagte im Thronsaal des Kreml, wo später auch der Kongreß stattfand. Hier hätte man die Gelegenheit gehabt, an die historische Vergangenheit zu denken und sich die gold- und silberbestickten und mit Juwelen besetzten Uniformen vorzustellen, die sich erst vor fünf Jahren in diesen Räumen gedrängt hatten. An diese glänzende Uniformen mußte ich denken, als mein Blick plötzlich auf eine seltsame Gestalt fiel, einen schmächtigen kleinen Mann – er war vielleicht 1,64 Meter groß – in einer fadenscheinigen schwarzen Sommerjacke, die ihm schief über die Schultern hing, weil er die Taschen mit Papieren vollgestopft hatte. Der Kragen seines karierten, schmutzigen Hemdes war offen, und der Hemdzipfel schimmerte sogar noch durch den blankgescheuerten Hosenboden.

„Wer ist denn dieser Strolch?" fragte ich.

„Nur immer mit der Ruhe", sagte Kuusinen, „das ist Bucharin."

Bucharin, der Verfasser von *Das ABC des Kommunismus,* der große Theoretiker! Nach der Lektüre seiner Bücher und Artikel hatte ich ihn mir als ordentlichen, korrekt angezogenen Menschen vorgestellt. Nun waren meine Illusionen gründlich zerstört, aber doch wirkte er irgendwie faszinierend. Er kam auf Kuusinen zu, um ihn zu begrüßen, denn er hatte ihn lange nicht mehr gesehen und in der Zwischenzeit sogar einen Nachruf für ihn geschrieben, weil Gerüchte ihn totgesagt hatten. Dann begrüßte er Sirola und auch mich.

Er setzte sich uns schräg gegenüber an den Tisch und

zeichnete in wenigen Sekunden eine großartige Karikatur von Kuusinen. Dann kam er zu uns herüber und zeigte sie uns.

Bucharin verstand es, wie ein Farbtupfer den ganzen Kongreß lebendiger zu gestalten. Er hatte einen scharfen Verstand und konnte, wenn er wollte, auch recht boshaft sein, aber im allgemeinen gab er sich freundlich und ungezwungen.

Dann kam ein Mann, den ich sofort erkannte, denn damals erschien sein Bild in allen Zeitungen. Es war Radek, der wahrscheinlich scharfsinnigste Verfasser politischer Kommentare in der Sowjetregierung. Er lebte jetzt in Rußland und trug daher einen langen Bart. Man behauptete, Radek rasiere sich den Bart zur Tarnung ab, wenn er ins Ausland reiste. Er war schlank, aber nicht sehr groß – etwas größer als Bucharin. Der einzige Bolschewik der alten Garde, den man als groß bezeichnen konnte, war Sinowjew.

Man konnte sofort erkennen, daß Radek sich seiner Stellung durchaus bewußt war. Er wirkte distanziert und ironisch, eine Warnung vor unbedachten Angriffen. Auch er kam sofort zu Kuusinen, um das verirrte Schaf oder den verlorenen Sohn zu begrüßen, der es leid war, die bürgerlichen Schweineställe auszumisten, und nun beschlossen hatte, ins Land seiner Väter zurückzukehren.

Doch nun zu Trotzki! Man erkannte ihn sofort, wenn auch nur an seinem buschigen Haar. Aber auch er überraschte mich, denn er war augenscheinlich sogar kleiner als Lenin.

Lenin, Trotzki und Sinowjew waren „die großen Drei“ jener Tage. Sinowjew war zwar ein gutaussehender, schwarzhaariger Mann, erinnerte aber mit seinem etwas verschwommenen Gesicht irgendwie an einen dekadenten Aristokraten. Auch wenn er am Vorstandstisch saß, machte er einen schlaffen Eindruck und zeigte nicht die gleiche aufrechte Haltung wie Lenin, Trotzki und viele andere. Trotzki war arrogant, aber es war die Arroganz der Stärke;

Sinowjews Hochmut war eher der eines verwöhnten Kindes.

Rückblickend muß man nach all den Jahren feststellen, daß in dieser Versammlung im Thronsaal des Kreml eine Persönlichkeit durch ihre Abwesenheit auffällt. Damals wurde er nicht vermißt, denn niemand hätte daran gedacht, nach ihm zu fragen – er gehörte einfach nicht zu den großen politischen Führern. Nur die später erfolgte Geschichtsfälschung hat ihn zu dem großen Führer gemacht, der von Anfang an im Brennpunkt der Ereignisse stand und die geborene Führerpersönlichkeit war. Dieser Mann war Josif Wissarionowitsch Stalin.

Die ausländischen Kommunistenführer standen natürlich im Schatten der Russen. Doch einer von ihnen nahm sofort eine Sonderstellung ein. Untersetzt und aggressiv wie ein Stier war er ein echter Kämpfer. Es war Bela Kun, der ehemalige Diktator von Ungarn, der Inbegriff des Kommissars, der keine Widersprüche duldete. Zwar war er nicht größer als ich, aber er betrachtete die Welt aus einem Blickpunkt, der mindestens zehn Zoll über dem meinen lag. Wenn er auf mich den Eindruck eines aufgeblasenen Frosches machte, dann war das sicher nicht die Schuld des Beobachters.

Der bekannteste Ausländer auf dem Dritten Kongreß – er war sogar noch berühmter als Bela Kun – war der Franzose Marty, der „Held des Schwarzen Meeres“. Während des Bürgerkriegs hatte die französische Regierung einen Flottenverband ins Schwarze Meer beordert, um die konterrevolutionären Truppen Wrangels auf der Krim zu unterstützen. Marty war Matrose auf dem Flaggschiff und stiftete seine Kameraden zu einer Meuterei an, an der das Unternehmen scheiterte. Natürlich wurde er mit Gefängnis bestraft, aber damals blieb man wegen solcher Vergehen nicht sehr lange in Haft. Jetzt war er frei, lebte in Moskau und wurde dort als großer Held gefeiert. Hunderte von landwirtschaftlichen Kollektiven und Fabriken in Rußland wurden nach Marty benannt.

In den Jahren meines Aufenthalts in Moskau konnte ich feststellen, daß er nur über eine mittelmäßige Intelligenz verfügte, aber doch klug genug war, zu schweigen und sich auf seinen Lorbeeren auszuruhen. Er gehörte zum Präsidium der Komintern und bekleidete sogar den Rang eines Sekretärs.

Endlich traf auch Lenin ein, und die Sitzung konnte beginnen.

Der erste Punkt der Tagesordnung war die Aufnahme der Tschechoslowakischen Kommunistischen Partei in die Komintern.

Allein die Behandlung dieser Frage nahm zwei Tage in Anspruch. Sinowjew sprach sich gegen die Aufnahme der Tschechen aus, ebenso auch Trotzki: Wenn diese tschechoslowakische kleinbürgerliche Partei, zu deren Mitgliedern, Bauern, Handwerker, Fabrikarbeiter und kleine Beamte gehörten, beitreten dürfte, dann würde das den Ruin der ganzen Komintern bedeuten.

Auch für mich stand fest, eine solche Partei durfte unter gar keinen Umständen in die Komintern aufgenommen werden. Der leicht zu beeinflussende Sirola teilte diese Ansicht.

Aber Kuusinen meinte: „Nun, wir wollen es nicht überstürzen. Lenin hat noch nicht gesprochen."

Lenin hatte sich nur Notizen gemacht und aufmerksam zugehört. Erst als die meisten anderen geredet hatten, stand auch er auf, um zu sprechen. Mit wenigen Sätzen faßte er zuerst die Anklage Bela Kuns und dann die Verteidigung der Tschechen zusammen.

Es kam so, daß der einzige, der sich für die Aufnahme der Tschechoslowakischen Kommunistischen Partei in die Komintern aussprach, Lenin war. Und er tat es nicht aufgrund dessen, was die Tschechen gesagt hatten, sondern gestützt auf sein eigenes Material, das er vielleicht von anderen bekommen oder aus Gesprächen entnommen hatte. Punkt für Punkt analysierte er die Argumente seiner Vorredner und wies nach, daß sie nicht schlüssig waren.

Und tatsächlich sprach sich nach ein paar weiteren Reden die ganze Versammlung einschließlich von Bela Kun einstimmig für die Aufnahme der tschechoslowakischen Partei in die Komintern aus.

Bei diesem Ergebnis spielte die Furcht, ein Widerspruch könnte lebensgefährlich sein oder dazu führen, daß man auf die schwarze Liste gesetzt wurde, keine Rolle. Damals herrschte in der Sowjetunion noch Redefreiheit, solange der Redner sich grundsätzlich zum Kommunismus bekannte. Das zeigte sich auf diesem Kongreß ganz deutlich. Daß die Versammlung ihre Meinung änderte und sich schließlich zur Auffassung von Lenin bekannte, lag an seiner besonderen Überzeugungskraft. Er konnte großartig argumentieren, aber er hatte außerdem eine gewisse hypnotische Gabe, die seine Zuhörer zwang, auch unbewiesenen Behauptungen zu glauben, wenn er sie vorbrachte.

Jene Bemerkung Kuusinens war typisch für seinen scharfen Verstand, seine feine Nase, seinen sechsten Sinn oder, wie man es auch nennen will. Mit dieser feinen Nase gelang es ihm auch, seine Haut zu retten, bis er eines natürlichen Todes starb.

Zwei Wochen nach Beginn des Kongresses konnte Kusinen endlich seine Thesen vorlegen.

„Sie sind gut", sagte Lenin, „aber in einem zu klassischen, akademischen Deutsch verfaßt. Sie sollten in der heutigen Umgangssprache geschrieben sein."

Die beiden Brüder Koenen wurden beauftragt, Kuusinen bei der stilistischen Bearbeitung zur Hand zu gehen. Anschließend wurden die Satzungen vor der Versammlung angenommen, und Kuusinen wurde zum Generalsekretär der Komintern ernannt.

Die interessanteste Rednerin war zweifellos die Genossin Kollontai. Dafür gab es mehrere Gründe. Erstens war sie wirklich eine sehr gute und mitreißende Rednerin und beherrschte mindestens vier Sprachen. Zweitens war sie, obwohl sie schon neunundvierzig Jahre alt war, so elegant zurechtgemacht, daß es eine Freude war, sie anzusehen. Drittens war sie es, die immer wieder versuchte, Lenin eine Falle zu stellen. Und schließlich stammte von ihr die sogenannte Wasserglas-Theorie. Nach dieser Theorie bedeutet der Geschlechtsverkehr mit einem Mann für eine Frau nicht mehr, als wenn sie mit einem Glas Wasser ihren Durst löscht. Eine Frau sollte danach das Recht haben, überall und jederzeit mit jedem beliebigen Mann sexuelle Beziehungen aufzunehmen. Das sei jedoch nicht das gleiche wie die Prostitution – ganz im Gegenteil. Damit werde die Prostitution sogar verhindert.

Das war allerdings eine revolutionäre These! Sie hätte sogar die Grundlagen der sowjetischen Macht erschüttern können. Lenin erhob sich und verurteilte mit scharfen Worten die Wasserglas-Theorie und die sexuelle Freiheit, die zu Beginn der Sowjetära geherrscht hatte.

Der Rebell der deutschen Kommunisten, Dr. Paul Levi, über den Lenin urteilte: „Es stimmt zwar, daß in seinem Kopf eine gewisse Verwirrung herrscht, aber es ist besser, verwirrt zu sein, als gar keinen Kopf zu haben" – stellte eine Angelegenheit zur Diskussion, an der auch wir Finnen ein gewisses Interesse hatten: Konnte die Komintern sich im Lauf der Zeit zu einer internationalen Organisation entwickeln, wenn ihre Zentrale in Moskau war?

Für Levi und seine Anhänger war die Antwort ganz klar: Wenn die Sowjetunion die Komintern finanzierte und die Organisation ihren Sitz in der sowjetischen Hauptstadt hatte, dann würde sie zu einem außenpolitischen Büro der Sowjetunion werden.

Diese Auffassung wurde von vielen Ausländern geteilt, und sogar Clara Zetkin verteidigte Levi, obwohl sie zur Opposition gehörte, aber mit dem Übergewicht der Russen wurde Levis Antrag abgelehnt.

Die Angelegenheit wurde auch innerhalb der finnischen Delegation beraten, und zwar weil auch wir ähnliche Befürchtungen hatten und uns deshalb schon seit Jahren gegen alle Einflüsse von außen wehrten. Sollten nicht auch wir uns an dem Versuch beteiligen, den Sitz der Komintern von Moskau in eine neutrale europäische Stadt zu verlegen und damit den direkten russischen Einfluß zu verringern? Aber die aus Finnland emigrierten Kommunisten wendeten sich sofort gegen diese Idee: „Um Gottes willen, so etwas dürfen Sie nicht sagen; das ist reine Ketzerei. Die Interessen der Sowjetunion und die des Weltkommunismus sind die gleichen!"

Probleme des Kommunismus

Drei Monate in der Sowjetunion hatten mir überwältigende Erlebnisse beschert. (Im Anschluß an die Komintern Tagung hatte in Petrograd der Kongreß der finnischen Kommunisten stattgefunden, auf dem, mit Unterstützung durch Lenins Vertrauten Radek, der Kuusinen-Flügel die Oberhand behielt und Tuominen zum ZK Mitglied und Direktor des finnischen Büros gewählt wurde. Kuusinen blieb in Moskau.) Ich hatte das kommunistische Experiment kennengelernt, in dessen Rahmen ein riesiges Land zum ersten Mal nach Verfahren und politischen Grundsätzen regiert wurde, die es in der Weltgeschichte bisher noch nicht gegeben hatte.

Aber in der Sowjetunion erlebten wir erst den Beginn der Weltrevolution, die Lenin und seine Schule in Gang setzen wollten. Weder ich noch wahrscheinlich ein anderer Teilnehmer am Kongreß der Komintern zweifelte daran, daß sich dieser Plan in naher Zukunft würde verwirklichen lassen. Wir sprachen nur von Jahren und nicht von Jahrzehnten. Auch Lenin lebte in diesem Glauben und offenbar auch alle seine Anhänger.

Etwas ganz anderes war die Moral der Kommunisten, die in mancher Weise im Widerspruch zu meinen bisherigen Überzeugungen stand. Sie unterschied sich grundsätzlich von allen allgemein anerkannten ethischen Vorstellungen. Alles, was man für die Sowjetunion und den Kommunismus tut, ist richtig und daher moralisch zu rechtfertigen. Das ist kurz gesagt der Kern der kommunistischen Moral. Es fiel mir schwer, das zu verstehen und zu akzeptieren.

Negativ wirkte auf mich auch die ideologische Haarspalterei, wie sie von den führenden Persönlichkeiten in der Komintern und besonders in der Finnischen Kommunistischen Partei betrieben wurde. Es war tatsächlich wie ein ständiges Herumwühlen in den Barthaaren von Karl Marx.

Ich kehrte deshalb mit gemischten Gefühlen nach Hause zurück, und auch unter den anderen Kongreßteilnehmern schien eine ähnliche Stimmung zu herrschen.

Einer von ihnen war der Organisator des Gewerkschaftsbundes, Frans Hiilos. Er war ein besonders scharfsinniger Mann, der sich auf den Sitzungen aus allen Streitigkeiten herausgehalten hatte. Er interessierte sich vor allem für die Theorie des Kommunismus.

Frans saß irgendwo in Nordfinnland zwischen Pietarsaari und Kokkola in der Eisenbahn, als ihm plötzlich die Idee kam, jedes Problem auf dieser Erde ließe sich mit Hilfe der marxistischen Dialektik und der Relativitätstheorie lösen. Einerseits müsse jede Lösung im Licht der Relativitätstheorie untersucht werden und müsse andererseits in dialektischer Weise eine These und eine Antithese sowie deren Auflösung, eine Synthese, ergeben.

Auf der nächsten Station sprang er aus dem Zug und setzte seine Reise zu Fuß fort. Ziellos verfolgte er eine durch den Wald führende Straße und löste die Probleme, auf die er dabei stieß. Neben der Straße stand ein Haus, das auf den ersten Blick rot erschien. Aber war es wirklich rot? Ein anderer Betrachter hätte es für blau halten können, denn, so überlegte Frans, alles ist relativ. Aber ein guter Marxist muß sich Klarheit verschaffen, denn jede Frage läßt sich dialektisch beantworten. Rot ist danach die These und blau die Antithese. Die Synthese ist, sagen wir, schwarz. Gut. Mit anderen Worten, das Haus ist schwarz; vielleicht sind die Wände mit Teer bestrichen.

Nach einiger Zeit kam er an eine Straßengabel, und da er die Gegend nicht kannte, mußte er sich wieder mit der Dialektik behelfen. Die linke Straße war die These, die rechte die Antithese. Offenbar lag die Synthese in der Mitte: Er mußte zwischen den beiden Abzweigungen geradeaus durch den Wald gehen. Beim Weitergehen verlor er seinen Hut und wollte ihn instinktiv aufheben, als die Logik ihn daran hinderte. Die Angelegenheit mußte überdacht werden. Die These: Hebe den Hut auf. Die Antithese: Laß ihn liegen. Dann fiel ihm auch die Synthese ein: Er stieß den Hut mit dem Fuß fort und ging barhäuptig weiter.

In diesem Zustand wurde er von den Behörden aufgegriffen und nach Helsinki gebracht. Auf der Fahrt dorthin setzte er sein Spiel mit der Dialektik fort. Danach konnte er weder in der Eisenbahn sitzenbleiben noch sie durch die Tür verlassen. Die Lösung war, er mußte mit der bloßen Faust das Fenster einschlagen und versuchen, auf diesem Wege ins Freie zu gelangen. Dabei verletzte er sich die Hand so schwer, daß er bis an sein Lebensende die Folgen dieser Synthese spüren mußte.

Wegen seiner Verletzung wurde er in Helsinki in die Chirurgische Klinik eingeliefert, wo er seine Versuche mit der Dialektik fortsetzte.

Nachdem er sich erholt hatte und medizinisch versorgt worden war, nahm er seine Arbeit im Gewerkschaftsbund wieder auf und wurde auch sonst wieder ganz normal – aber vielleicht hatte er sich doch ein wenig geändert. Von nun an mußte er über die Menschen lächeln, die allzu starr an Doktrinen festhielten.

Wenn unser Geisteszustand nach der Rückkehr aus Moskau verworren und chaotisch war, dann herrschte auf der politischen Bühne offenbar eine noch größere Verwirrung. Vorher hatten wir seit der Gründung der Sozialistischen Arbeiterpartei im Frühjahr 1920 bis zur ersten Hälfte des folgenden Jahres eine klare politische Linie verfolgt, die eines nationalen Kommunismus, der etwa dem frühen Titoismus entsprach. Wir gingen von der Annahme aus, daß eine legale und an der Öffentlichkeit wirkende revolutionäre Partei in Finnland funktionsfähig sei und es deshalb nicht notwendig wäre, eine geheime kommunistische Partei wie die Finnische Kommunistische Partei zu gründen.

Doch nun waren wir in ein Dilemma geraten, denn unser Mentor und Führer Kuusinen war in die Arme Moskaus zurückgekehrt. Er hatte den Posten des ersten Sekretärs der Komintern übernommen und war dazu Lenins rechte Hand auf dem Gebiet der internationalen Politik.

Wir sollten jetzt in Finnland die Aufgabe übernehmen, die geheime Untergrundtätigkeit mit der öffentlichen Parteiarbeit in Einklang zu bringen. Theoretisch mußten wir Erklärungen wie die folgende akzeptieren und versuchen, die darin enthaltenen Forderungen in der Praxis zu realisieren, Grundsatzforderungen, die damals ebenso wie heute zu den wichtigsten kommunistischen Lehrsätzen gehörten:

> In Ländern, die noch vom Bürgertum oder von konterrevolutionären Sozialdemokraten beherrscht werden, müssen es die kommunistischen Parteien lernen, systematisch legale Aktivitäten mit illegalen zu kombinieren. In solchen Fällen müssen die legalen Aktivitäten stets der wirksamen Kontrolle der illegalen Partei unterworfen sein.

Im Hinblick auf die parlamentarische Arbeit gab es den folgenden Beschluß:

Die Kommunistische Partei nimmt an der Arbeit dieser Institution, des Parlaments, nicht teil, um ihr organisches Funktionieren zu gewährleisten, sondern um die Massen bei der Zerstörung des Regierungsapparats und des Parlaments selbst zu unterstützen...

Ein Mitglied der Kommunistischen Partei ist den verschiedenartigen Gruppen, von denen es gewählt wurde, keine Rechenschaft schuldig, sondern nur der legal anerkannten oder der illegalen Kommunistischen Partei.

Das war in der Tat ein schweres Dilemma.

In jenen Tagen erregte ein gewisser kommunistischer Plan, den es bereits schwarz auf weiß gab, großes Aufsehen: Es war der beabsichtigte Zusammenschluß von Nordfinnland, Nordschweden und Nordnorwegen zu einer besonderen kommunistischen Sowjetrepublik des Nordens.

Als die Nachricht kam, daß finnische Truppen die Grenze nach Karelien überschritten hätten und es dort zu Gefechten gekommen sei, wurde das Aktionskomitee der Sozialistischen Arbeiterpartei in einen Antikriegs-Propagandafeldzug eingespannt, an dem auch unser ganzer Organisationsapparat und die Parteipresse teilnahmen. In verschiedenen Teilen des Landes hielten wir Massenversammlungen ab und veröffentlichten eine Proklamation, in der die arbeitende Bevölkerung Finnlands aufgerufen wurde, sich an dem Kampf zur Verteidigung Sowjetrußlands zu beteiligen.

1922 war es meine Überzeugung – und ich muß das wahrheitsgetreu gestehen –, daß sich die finnischen Arbeiter im Falle eines Kriegsausbruchs auf die Seite der Sowjetunion stellen sollten. Nach meiner Meinung waren die Finnen die Angreifer. Die Partei der Sowjetunion zu ergreifen bedeutete daher, sich auf die Seite der Opfer einer Ungerechtigkeit zu stellen.

Diese Auffassungen waren die Ursache für meine Verhaftung am 26. Januar 1922. Ich erhielt eine Gefängnisstrafe und wurde erst nach mehr als vier Jahren aus der Haft entlassen.

Aber 1939 hatte die Zeit mich gelehrt, daß das, was ich in meiner Jugend in der idealistischen Euphorie des Kommunismus geglaubt hatte, nicht den Tatsachen entsprach.

1922 wurde im Provinzialgefängnis von Turku ein Fragebogen in Umlauf gebracht, der auch die Frage enthielt, ob ein Mann, der sich für den Klassenkampf einsetzte, heiraten sollte. Ich antwortete halb im Scherz, halb im Ernst, er solle das nicht, weil ein verheirateter Mann an vorderster Front Anlaß zu Meinungsverschiedenheiten sein kann und er nicht bereit sei, jeden Augenblick dem Tod ins Auge zu blicken, da er für Frau und Kinder sorgen müsse. Offensichtlich lag mir selbst der Klassenkampf nicht so sehr am Herzen, denn ich habe diesen meinen Rat nicht befolgt. Allerdings bezweifle ich, daß ein Mann, so klassenbewußt er auch sein mag, so fanatisch sein kann, daß er kein Auge mehr für hübsche junge Mädchen hat.

Jedenfalls fing ich an, mich gegen Ende des Jahres 1920 sehr lebhaft für ein bezopftes junges Mädchen mit Namen Lyyli Kyllikki Rainio zu interessieren. Während ich im Gefängnis saß, schrieb sie mir oft und hielt mich über die politische Entwicklung auf dem laufenden. Ich bekam manchmal in einem Monat zehn Briefe von ihr. Als ich im Frühjahr 1926 entlassen wurde, empfanden wir es als selbstverständlich, zusammenzubleiben.

Nachdem ich mir im folgenden Jahr eine kleine Wohnung gemietet hatte, fragte ich sie vorsichtig, ob wir nicht zusammenziehen könnten.

„Natürlich", antwortete Lyyli. „Aber zuerst müssen wir heiraten."

Zwar war ich ein fanatischer Kommunist, aber auch noch Kleinbürger genug, um diese Auffassung zu teilen. Natürlich mußten wir heiraten und taten es auch.

Unsere Ehe dauerte mehr als vierzig Jahre bis zum Tode Lyylis im Jahr 1968. Wir haben glückliche Zeiten erlebt, und manchmal hat uns der Wind auch ins Gesicht geblasen, aber wir haben alles gemeinsam getragen. Ohne ihre Hilfe hätte ich mein Schicksal nicht bis heute meistern können.

Ich gehe in das Moskau Stalins

Im Frühjahr 1926 wurde ich aus dem Gefängnis entlassen und anschließend zum Sekretär des finnischen Gewerkschaftsbundes gewählt. Mein Ziel war es, mich in dieser Position ausschließlich für die Interessen der finnischen Gewerkschaft einzusetzen. Aber dabei hatte ich einen Klotz am Bein; die Führung der Finnischen Kommunistischen Partei und dahinter die Komintern und die Profintern in Moskau, die Rote Internationale Gewerkschaft.

Vor jedem internationalen Gewerkschaftskongreß wurden die finnischen Delegierten aufgefordert, die jeweils aktuellen propagandistischen Ziele der Sowjetunion zu unterstützen. Auf Befehl der Komintern und der Profintern erließ die Finnische Kommunistische Parteiführung ständig Anweisungen darüber, wie wir die Aktivitäten der sozialdemokratischen Regierung unter Väinö Tanner behindern sollten.

Im April 1928 kam ich wieder ins Gefängnis, und damit endete meine Tätigkeit für die Gewerkschaft. Der Grund für die Gefängnisstrafe war, daß ich als Sekretär des finnischen Gewerkschaftsbundes Kontakte mit der Sowjetunion gepflegt hatte. In der Urteilsbegründung wurde auch angedeutet, daß ich Beziehungen zur Finnischen Kommunistischen Partei unterhielt. Die Anklagepunkte entsprachen zum größten Teil den Tatsachen, denn ich hatte mich ehrlich darum bemüht, in Finnland eine kommunistische Gesellschaftsordnung einzuführen.

Nach Verbüßung einer fast fünf Jahre dauernden Gefängnisstrafe wurde ich gegen Ende des Jahres 1932 auf Bewährung entlassen. Unmittelbar nach meiner Entlassung bekam ich einen Brief von Kuusinen, in dem er mich drängte, nach Moskau zu gehen.

Er schrieb: „Inzwischen müssen Sie erkannt haben, daß Sie dort in Finnland immer wieder im Gefängnis landen werden. Ihre fast zehnjährige Leidenszeit sollte genügen. Es ist höchste Zeit, daß Sie saftigere Weidegründe aufsuchen."

Meine Frau und ich besprachen diesen Vorschlag immer wieder und gerieten dabei heftig aneinander, denn sie war strikt dagegen. Lyyli sagte, ich würde dabei nur vom Regen in die Traufe geraten.

Aber ich wollte das nicht glauben. Ich war vielmehr davon überzeugt, daß ich nach meiner Abreise alle Probleme würde lösen können. Angesichts dieser Hartnäckigkeit gab Lyyli schließlich nach, wenn auch widerwillig.

Zuerst setzte ich mich auf geheimen Wegen nach Schweden ab, fuhr im April 1933 auf einem sowjetischen Handelsschiff nach Leningrad und von dort nach Moskau. Nun befand ich mich in Hörweite der Glocken des Kreml, die mich gerufen hatten.

Auf dem Bahnhof wurde ich von Kuusinens Chauffeur und einigen Mitgliedern des Moskauer Büros der Finnischen Kommunistischen Partei abgeholt. Die prächtige Staatskarosse brachte mich direkt zum Sojusnajahotel an der Maxim-Gorki-Straße, wo man ein großes, hübsches Zimmer für mich reserviert hatte.

Noch am gleichen Tag brachte mich der Wagen zu Kuusinen.

Alles war bereits vorausgeplant. Ich sollte nur bis zu den Feiern am 1. Mai in Moskau bleiben und dann in ein Sanatorium verschickt werden, um mich von den Leiden zu erholen, die ich mir während meiner Gefangenschaft zugezogen hatte. Vor allem mußte ich mich jetzt darauf konzentrieren, die russische Sprache zu erlernen.

Bei dem Gedanken brach mir der kalte Schweiß aus, denn ich kannte kaum das russische Alphabet. Aber Kuusinen hatte bereits für alles gesorgt. Seine jüngere Tochter Riikka sollte meine Lehrerin sein; wenn Riikka zu müde war oder keine Zeit hatte, sollte seine älteste Tochter Hertta sie vertreten.

„Und denken Sie daran, der Unterricht muß vor allem anschaulich gestaltet werden", sagte er.

Hertta, Riikka und ich saßen da wie Schulkinder und lauschten den Belehrungen des Vaters.

Er ging langsam und zielstrebig auf die Tür zu, ergriff den Türknopf und sagte, während er die Tür öffnete: *„Ja otkrywaju."*

Dann sah er zu uns herüber, um festzustellen, welchen Eindruck seine Worte gemacht hatten, schloß die Tür und sagte: „Ja sakrywaju." Es war tatsächlich eine gute Methode. In dieser ersten Stunde lernte ich für alle Zeiten, wie man auf russisch eine Tür öffnet und schließt.

Als ich spät abends in das Hotel Sojusnaja zurückgekehrt war, konnte ich lange Zeit nicht einschlafen. Viele Gedanken gingen mir durch den Kopf und verfolgten mich bis an die Grenze zwischen Wachen und Schlafen. Draußen hörte ich die Glocken des Kreml die „Internationale" spielen. Ich fragte mich, ob sie eine glückliche oder unglückliche Zeit für mich einläuteten.

Sechs Jahre waren vergangen, seit Kuusinen und ich uns zuletzt gesehen hatten, und in dieser Zeit war so viel geschehen, daß er mich über alle neuen Entwicklungen unterrichtete, wann immer sich die Gelegenheit bot. Kuusinen machte mich vor allem mit den Grundtatsachen bekannt: An der Spitze der Partei stand jetzt Stalin; Männer wie Sinowjew und Kamenew waren es nicht mehr wert, erwähnt zu werden. Sie hatten nichts mehr zu sagen; dessen war er sich vollkommen sicher. Aber er wußte auch noch etwas anderes: „Versuchen Sie nicht zu oft, sich auf alte Vorbilder zu beziehen wie Bucharin und Radek, denn auch ihre Sterne verblassen."

Das war mir völlig neu, und ich hörte es nicht gern. Bucharin war mir besonders sympathisch, denn er hatte nicht nur einen scharfen Verstand und eine scharfe Zunge, sondern ein tiefes Mitgefühl für andere Menschen. Auch Radek gehörte zu meinen Lieblingen seit der Zeit, als er mich auf dem Parteikongreß von 1921 mit seiner Intelligenz fasziniert hatte. Damals hatte ich mit ihm längere Gespräche geführt als mit irgendeinem anderen Kongreßteilnehmer, wobei Kuusinen und Rovio für mich dolmetschten. Er war eine jener schillernden Persönlichkeiten, um die sich Legenden bilden. Kuusinen hatte mir schon früher erzählt, Radek könne gleichzeitig drei verschiedene Artikel diktieren. Dabei ging er in seinem großen Büro auf und ab, diktierte der einen Stenografin eine politische Analyse, der anderen einen kulturpolitischen Artikel und der dritten eine satirische Skizze. Eine solche Dreiteilung des Bewußtseins scheint unmöglich zu sein, aber von Julius Cäsar erzählt man sich das gleiche.

„Wohl ist Bucharin Chefredakteur der *Iswestija* und Radek hat den gleichen Posten bei der *Prawda,* aber in Wirklichkeit bedeutet das nicht viel", erklärte Kuusinen. „Es bedeutet, daß sie politisch nichts mehr zu sagen haben. Man hat ihnen so verantwortungsvolle Posten gegeben, um ihnen um so leichter ihre Abweichung nachweisen können. Sie müssen mit einer solchen Masse von politischen Äußerungen vor die Öffentlichkeit treten, daß es ganz leicht sein wird, ihnen einen Strick daraus zu drehen."

Ich sah mich aufmerksam in Moskau um, um die Zeichen der Zeit zu erkennen. Es waren einige neue Gebäude entstanden, und es gab eine ganze Menge Autos, aber nur wenige russische und viele ausländische. In einer Hinsicht hatte sich das Straßenbild nicht zu seinem Vorteil verändert. Die Bevölkerung war schlecht gekleidet.

Auch die Versorgung mit Lebensmitteln war ausgesprochen schlecht. Nur im Ausländerladen Torgsin konnte man alles bekommen.

Freunde fragten mich sofort, ob ich irgend etwas mitgebracht hätte, das man zum Torgsin bringen könnte, denn hier wurden auch Gegenstände aus Gold wie Uhren, Ringe und Schmuck in Zahlung genommen. Die Lage war nicht sehr ermutigend, aber ich hatte mir auch nichts Besseres vorgestellt. Außerdem lebte ich auch in Finnland sehr bescheiden. Das alles war für mich von zweitrangiger Bedeutung. Ich versuchte mich auf das Wichtigste, die wesentlichen Tatsachen zu konzentrieren: Hatte sich diese Welt im Grundsätzlichen verändert, war sie im wesentlichen so, wie ich sie mir vorgestellt hatte, war sie wirklich das, wofür es sich gelohnt hatte und sich lohnen würde, Opfer zu bringen?

Ein Sanatoriumsaufenthalt im Kaukasus

Am Tag nach der Maiparade wurde mir eine *putewka* – ein Reiseausweis in das Frunze-Sanatorium in Sotschi in die Hand gedrückt, und Kuusinen brachte mich persönlich zum Bahnhof. Man hatte mir einen Platz in dem internationalen Luxuswaggon reserviert, der nur für die sowjetische Elite bestimmt war, und der Reisegefährte in meinem Abteil war zum Glück ein hochrangiger Offizier mit zwei Rhomben auf den Kragenspiegeln – heute hätte das den Rang eines Generalleutnants bedeutet, aber damals hatte die Rote Armee noch nicht die alten zaristischen Dienstgrade eingeführt. Er war ein *komandir,* ein Divisionskommandeur.

Im Verlauf des Gesprächs stellte es sich heraus, daß der hochrangige Offizier auch nach Sotschi reiste. Er hatte allerdings nicht dasselbe Reiseziel wie ich, sondern sollte in einem Sanatorium für Offiziere der Roten Armee untergebracht werden. Kuusinen stellte mich ihm vor und sagte, ich sei erst kürzlich aus Finnland gekommen und spräche kein Russisch. Vielleicht würde der Genosse *komandir* so freundlich sein, mich bis Sotschi in seine Obhut zu nehmen.

Der Genosse *komandir* war entzückt, einem Sekretär der Komintern einen Dienst erweisen zu dürfen und erwies sich tatsächlich als ungewöhnlich aufmerksamer und zuvorkommender Reisebegleiter. In seinem Koffer hatte er reichlich Reiseproviant verstaut, denn die Armee wurde auch während der Hungerjahre ausgezeichnet verpflegt, besonders die Offiziere. Zu den Mahlzeiten gingen wir in den Speisewagen, und er wollte es auf keinen Fall zulassen, daß ich mein Essen selbst bezahlte. Da ich in den vergangenen Jahren in meiner Heimat einige Male in Gefangenenzügen gereist war, wo wir in winzigen Abteilen zu dritt oder sogar zu viert eingepfercht wurden und sich das Begleitpersonal im Aussehen und Verhalten wesentlich von meinem gegenwärtigen Reisebegleiter unterschied, war der Kontrast natürlich gewaltig, und der Vergleich fiel entschieden zugunsten der Sowjetunion, meines neuen Vaterlandes, aus.

Natürlich gab mir manches auch zu denken. Wenn wir in den Speisewagen gingen, stellte ich fest, daß die Vorhänge sogar am hellen Mittag zugezogen waren. Als ich versuchte sie zu öffnen, protestierte mein Begleiter sofort und rief „*Njet, njet!*" Auch die Bedienung im Speisewagen sorgte dafür, daß die Vorhänge geschlossen blieben. Was ich auf den Bahnhöfen sah und die Gesten des Genossen *komandir* ließen mich ahnen, welches die Gründe für diese Vorsicht waren. Auf den Bahnhöfen drängten sich hungrige Menschen, vor allem Bauern, die die Fenster des Speisewagens einschlugen, wenn sie die Elite dort bei ihren Mahlzeiten beobachteten. Heute weiß jedermann, daß 1932 die schlimmste Hungersnot in der Sowjetunion seit dem Bürgerkrieg ausbrach, als die Bauern sich weigerten, in die Kollektive zu gehen und aus Protest ihr Vieh und ihre Pferde abschlachteten. Wenn sie dann zur Feldarbeit gezwungen wurden, konnten sie ohne Zugtiere und mit viel zu wenigen Traktoren kaum etwas ausrichten. Diejenigen, die noch nicht verhaftet worden waren, trieben sich zu Tausenden auf den Bahnhöfen herum und warteten auf eine Gelegenheit, die von der Hungersnot heimgesuchten Gegenden zu verlassen.

Ich wußte allerdings, daß in meiner neuen Heimat Mangel herrschte, hätte mir aber nicht vorstellen können, daß es so schlimm war, wie es die auf den Bahnhöfen herumlungernden Massen bewiesen, die eingefallenen Gesichter und hohlen Augen der Unglücklichen, die vom Hunger so geschwächt waren, daß sie nicht mehr stehen konnten. Aber ich habe damals nicht ganz begriffen, wie verzweifelt die Situation wirklich war. Wenn wir gelegentlich ausstiegen, um unsere Glieder zu strecken, und ich mich mitleidig diesen Unglücklichen näherte, sorgte mein Begleiter dafür, daß ich sie nicht berührte. In Sotschi sagte man mir, wie leicht man sich mit Fleckfieber anstecken könnte, das durch die Läuse übertragen wurde, die diese Leute hatten.

Am erschütterndsten war der Anblick der vielen hungernden Kinder. Bald wurde ich mit dem Wort *besprisornije* vertraut. Das ist ein verlassenes, heimatloses Kind. Die *besprisornije* stellten ein besonderes Problem dar. Sie durchzogen massenweise das Land und konnten sich besser am Leben erhalten als die hungernden Bauern, denn diese acht- bis vierzehnjährigen Kinder bildeten rücksichtslose Räuberbanden, die Züge entgleisen ließen, alles stahlen, was ihnen in die Hände kam, und auch nicht davor zurückschreckten, ihre Opfer zu ermorden. Es war herzzerreißend zu sehen, wie sich die kleinsten von ihnen jedesmal, wenn der Zug auf einem Bahnhof hielt, unter den Abteilfenstern versammelten, die Hände ausstreckten – manchmal machten sie dabei das Zeichen des Kreuzes – und um ein Stück Brot bettelten. Man traf sie überall an, von der Gegend um Moskau bis zum Nordkaukasus. Vielleicht lag es an der Jahreszeit, denn die Russen sagten, die *besprisornije* richteten sich wie die Krähen bei ihren Zügen nach der Jahreszeit. Im Frühjahr und Sommer zogen sie mit der Sonne nach Norden, und wenn der Sommer in den Herbst überging, begannen sie ihre Wanderungen in südlichere Landstriche.

Gute persönliche Beziehungen haben überall auf der Welt ihren Wert, aber nirgends bedeuten sie so viel wie in der Sowjetunion. Da sich eine so wichtige Persönlichkeit meiner angenommen hatte – wer weiß, was er den Leuten alles über mich erzählt hat –, war der Empfang entsprechend.

Mein Leben in Sotschi gestaltete sich so angenehm, wie es jemand, der die Landessprache nicht beherrscht, nur wünschen kann.

Die Zeit zwischen den täglichen Schwefelbädern bei den berühmten Schwefelquellen von Matschesta, etwa viereinhalb Kilometer außerhalb von Sotschi, und den ärztlichen Untersuchungen brachte ich damit zu, Russisch zu lernen und mich auszuruhen.

Und warum hätte ich nicht glücklich sein sollen? Stalins Kollektivierungskampagne hatte zu einer Lebensmittelknappheit geführt; Brot und andere Grundnahrungsmittel waren knapp, aber hier im Prominentensanatorium gab es alles im Überfluß. Auch die Zimmer waren nach russischen Maßstäben erstklassig und die Gebäude solide gebaut. Es gab ausreichend ausgesuchtes Personal, das sorgfältig überprüft worden war, um unsere Sicherheit zu garantieren. Außer den Putzfrauen und den Ärzten waren alle Angestellten Mitglieder der GPU. Zwar gehörten nur wenige Ärzte der Partei an, aber sie waren trotzdem politisch zuverlässig. Kuusinen hatte mich auch in dieser Richtung aufgeklärt und mir gesagt, nur minderwertige Ärzte gehörten der Partei an. 1922 hatte er Lenin gegenüber einmal erwähnt, daß er sich nicht wohlfühlte, und ihn gebeten: „Könnten Sie mir einen zuverlässigen Arzt empfehlen, der Parteimitglied ist?"

„Unter gar keinen Umständen werden Sie zu einem solchen Arzt gehen!" hatte Lenin gerufen. „Wir können es uns nicht leisten, Sie zu verlieren. Sie werden noch gebraucht. Gehen Sie zu einem alten Spezialisten aus der Zarenzeit. Die meisten dieser Leute sind tüchtig und leisten auch jetzt noch gute Arbeit. Die Ärzte in der Partei sind Halsabschneider und Nichtskönner; deshalb sind sie auch in die Partei eingetreten."

In der gleichen Gegend unmittelbar oberhalb des

Frunze-Sanatoriums lagen an einem Berghang die riesigen Sanatorien der Roten Armee. Wenn die Offiziere im Schwarzen Meer gebadet hatten, brachte sie ein Aufzug wieder zu ihren Unterkünften hinauf. Dahinter lag das schöne Sanatorium für die Bergarbeiter. Hier wurden die Stachanow-Arbeiter, die Helden der sowjetischen Arbeit, untergebracht.

Jedes Sanatorium hatte seine eigene Anstaltskleidung, einen Morgenmantel, den wir anzogen, wenn wir zu den Heilquellen gingen, um das Mineralwasser zu trinken, und in dem wir die Konzerte besuchten. Die Patienten im Stalin-Sanatorium waren nicht eleganter angezogen als die anderen. Sie trugen einen einfachen grauen Morgenmantel, aber wenn einer von ihnen auftauchte, dann wurde es von den anderen sofort registriert – „ein Auserwählter ist unter uns“. Wer kein Aufsehen erregen wollte, trug seinen eigenen Schlafanzug. Dieses Kleidungsstück war damals sehr beliebt. Wenn wir am Nachmittag das Mineralwasser getrunken hatten und zu einem der Freiluftkonzerte gingen, trug die Hälfte der Zuhörer bunt gestreifte Pyjamas.

Der Stalinkanal

Nach meiner Rückkehr aus Sotschi suchte ich sofort Kuusinen im *Dom Prawitelstwa* auf. Dort hatte ich das Glück, den Vorsitzenden des Rates der Volkskommissare Edvard Gylling, zu treffen, der Moskau einen kurzen Besuch abstattete.

Wenige Tage später fuhr ich nach Petrosawodsk, wo meine Frau und ich den Rest des Sommers als Gäste Gyllings zubrachten.

Kuusinen hatte mir erlaubt, zum Sommerurlaub nach Petrosawodsk zu fahren, bis ich Ende September meine Studien an der Leninschule aufnahm. Er hielt es für das Beste, daß ich mich theoretisch an dem angesehensten politischen Institut in der Sowjetunion ausbilden ließ, was meine Position und mein Ansehen stärken würde.

Ich hätte zu keiner günstigeren Zeit nach Petrosawodsk kommen können. In dieser Region vollzog sich eine bedeutsame historische Entwicklung, und ich war rechtzeitig an Ort und Stelle, um das Drama vom besten Platz aus zu verfolgen.

Seit Generationen hatte man schon daran gedacht, das Weiße Meer und die Ostsee durch einen Kanal zu verbinden, besonders da die zahlreichen Flüsse und Seen in Ostkarelien den Bau eines Kanals begünstigten. Während des vergangenen Jahrhunderts hat man immer wieder nach Möglichkeiten gesucht, einen Kanal zu bauen, und 1914 beschloß die zaristische Regierung, mit der Arbeit daran zu beginnen. Aber das Vorhaben wurde bei Ausbruch des Ersten Weltkrieges aufgegeben.

Als sich die sowjetische Regierung im Herbst 1931 wieder dieser Aufgabe zuwendete, rechnete die antikommunistische Welt lange Zeit nicht mit einem Erfolg. Das alte Sprichwort, „tue es auf die russische Art“, galt in Rußland immer noch, und wenn ein großes Vorhaben angekündigt wurde, dann war es gewöhnlich nur Propaganda. Um so größer war das Erstaunen, als nach knapp zwei Jahren gemeldet wurde, der Kanal sei im großen und ganzen vollendet. Er führte schließlich über eine Strecke von etwa zweihundertfünfundzwanzig Kilometern, war also sechzig Kilometer länger als der Suezkanal! Der mit amerikanischen Dollars gebaute Panamakanal brauchte bis zu seiner Fertigstellung sieben Jahre. Aus welcher Perspektive die „Kapitalisten“ die Sache auch beurteilten, sie mußten zugeben, daß der Bau des Weißmeerkanals eine gewaltige Leistung war.

Mein Glaube an die Möglichkeiten des Kommunismus als Erbauer einer neuen und besseren Welt war noch nicht erschüttert, aber ein solcher Beweis seiner kreativen Kraft war doch begrüßenswert, denn hier wurde der Spott seiner Gegner ein für allemal widerlegt. Als ich im Hochsommer 1933 nach Petrosawodsk kam, war der Kanalbau bereits so weit gediehen, daß das erste Schiff ihn passieren konnte. Zu den Passagieren gehörten Stalin und sein damaliger Kronprinz Kirow – der Nachfolger Sinowjews als Parteiführer in Leningrad – sowie einige Mitglieder des Politbüros, und diese Fahrt wurde zum Anlaß genommen, der Wasserstraße ihren offiziellen Namen zu geben – Stalinkanal.

Wenige Tage später wurde eine weitere Schiffsreise vorbereitet, diesmal für die Direktoren der größten Fabriken in Leningrad, hohe Parteifunktionäre und Offiziere. Auch Gylling und Rovio wurden dazu eingeladen, aber Gylling konnte die Einladung nicht annehmen und schlug vor, daß ich Rovio begleiten sollte. Rovio ließ sich von höherer Stelle telefonisch die Erlaubnis geben, mich mitzunehmen.

Ein Hauch von Geschichte umgab uns schon auf der Eisenbahnfahrt von Petrosawodsk nach Karhumäki (Medweschia Gora), denn wir reisten in einem Luxuswagen der karelischen Regierung, der vor zwanzig Jahren der russischen Zarenfamilie gedient hatte. Allerdings hatte die Geschichte hier einen etwas muffigen Geruch wie der dicke alte Plüsch, mit dem sogar die Toilette ausgeschlagen war, auf der man saß wie auf einem Thron.

In Karhumäki begrüßte uns der Chef der örtlichen GPU – der Nachfolgeorganisation der Tscheka –, der beim Kanalbau die Oberaufsicht gehabt hatte.

Zu den geladenen Gästen gehörte sogar der Hofpoet Stalins, Demjan Bedny, der auf Anforderung – oder Befehl – Lobeshymnen auf den großen Führer des Volkes verfaßte. Offensichtlich war das ein sehr einträglicher Posten, denn der mehr als sechzig Jahre alte Dichter war recht korpulent, und seine zwanzigjährige Frau ausnehmend hübsch. Noch interessanter war es, einen der beiden Chefingenieure kennenzulernen, die uns begleiteten. Es war der Mann, der von Anfang an die technischen Pläne für den Kanalbau angefertigt hatte. Er hieß Fraenkel, und seine Familie stammte ursprünglich aus Finnland. Nach der Begrüßung setzten wir uns an den mit ausgesuchten Speisen reichlich gedeckten Tisch. Hier hätten ohne weiteres dreißig oder vierzig Personen satt werden können, aber es waren nicht mehr als sechs oder sieben Gäste, und essen mußte man, um den Gastgeber nicht zu beleidigen.

Der GPU-Chef unterrichtete Rovio und mich, die wir von diesen Dingen kaum etwas verstanden, ausführlich über den Kanal, seine Konstruktion und seine politische Bedeutung. Der ganze Kanal war mit menschlicher Arbeitskraft gebaut worden, die in der kapitalistischen Welt nicht zur Verfügung gestanden hätte: mit Zwangsarbeitern. Die ganze Zeit hatten durchschnittlich sechzigtausend Gefangene daran gearbeitet; auf der Strecke von zweihundertfünfundzwanzig Kilometern stand für jeweils drei Meter ein Mann zur Verfügung. Und so war ein Kanal entstanden, der, wenn er noch etwas tiefer ausgeschachtet würde, sogar von großen Kriegsschiffen befahren werden könnte.

Dann erteilte er Fraenkel das Wort und forderte den Ingenieur auf, seine Geschichte zu erzählen. Fraenkel war fünfzig oder vielleicht etwas jünger, schlank und ruhig, und seine Sprechweise unterschied sich auffallend von der prahlerischen und überschäumenden Art des Russen. Er erzählte, er habe als Ingenieur in einer Fabrik gearbeitet und sei 1929 im Verlauf des Verfahrens gegen die sogenannten Industriesaboteure verhaftet worden. Er wurde zum Tode verurteilt, war aber dann zur damals geltenden höchsten Haftstrafe von zehn Jahren Zwangsarbeit begnadigt worden. Er kam in das berüchtigte Straflager Solowetzkije und hatte schon alle Hoffnung aufgegeben, als er eines Tages zum Lagerkommandanten befohlen wurde.

„Wir wissen, daß Sie ein tüchtiger Ingenieur sind. Was würden Sie dazu sagen, wenn Sie zusammen mit den anderen hier einsitzenden Ingenieuren den Auftrag erhielten, die Planung für den Bau eines Kanals zwischen dem Onegasee und dem Weißen Meer durchzuführen?"

Als sich herausstellte, daß der Lagerkommandant es ernst meinte, habe er auch das Angebot ernst nehmen müssen. So habe er nach kurzem Überlegen zugestimmt.

Ich sagte ihm, es sei doch eigenartig, daß ein zum Tode verurteilter Saboteur eine so gewaltige technische Aufgabe für die Sowjetunion übernommen habe. Darauf erklärte er, er könne meine Skepsis sehr gut verstehen, aber angesichts der Größenordnung dieses Vorhabens hätten sich sein Kummer und seine Verbitterung über die Ungerechtigkeit, deren Opfer er geworden sei, verflüchtigt.

Das Schicksal von Fraenkel beeindruckte mich zutiefst. Man hatte einen Mann, der für den sowjetischen Staat ein hoffnungsloser Fall gewesen war, den Klauen des Todes entrissen und ihm diese gewaltige Arbeit anvertraut. So etwas konnte nur in der Sowjetunion geschehen!

Im Morgengrauen des folgenden Tages begann unsere festliche Reise. Der Raddampfer *Karl Marx* war am Abend zuvor aus Leningrad in Powenetz eingetroffen und hatte zehn weitere Gäste mitgebracht, die Creme dieser nördlichen Region. Der Dampfer war recht geräumig und hatte saubere, bequeme Kabinen. An jeder Schleuse hatte man mit Fähnchen und Girlanden geschmückte Triumphbogen errichtet, und die Ränder des Kanals waren ebenso dekoriert. Die ganze achtundvierzig Stunden dauernde Fahrt durch den Kanal war ein einziges Freudenfest. An jeder Schleuse hatten wir einen längeren Aufenthalt, es wurden Versammlungen abgehalten, an denen Beamte und Arbeiter teilnahmen, einer der Passagiere hielt eine Ansprache, und gewöhnlich berichtete der örtliche GPU-Chef über die beim Bau des Kanals erbrachten Leistungen.

Auf der ganzen Strecke sah man nur sehr wenige menschliche Siedlungen. Die einzigen Häuser standen in der Nähe der Schleusen. Auch die Sträflingsbaracken waren nirgends zu entdecken. Holz war das einzige Baumaterial; Zement war so gut wie gar nicht verwendet worden. Man konnte sich nicht vorstellen, wieviele Millionen Bäume zur Befestigung der Ränder des langen und tiefen Kanals mit Bohlen verwendet worden waren. Und was waren das für Balken! Man hatte sie aus den kerzengerade gewachsenen, dicken karelischen Fichtenstämmen geschnitten und dann geschält und geteert. Auch die Schleusen waren aus Holz gezimmert und wurden mit der Hand bedient. Ursprünglich hatten sie elektrisch betrieben werden sollen, aber nun wurden sie von jeweils vier oder fünf Mann mit einer Handkurbel geöffnet und geschlossen.

Die sechzigtausend Zwangsarbeiter hatten die Gegend inzwischen verlassen, und als ich mich nach ihrem Verbleib erkundigte, sagte man mir, viele von ihnen arbeiteten jetzt an dem Wolga-Moskau-Kanal.

Am Beginn unserer Talfahrt zum Weißen Meer lernte ich an einer der Schleusen einen Finnen kennen. Er war vor einigen Jahren nach Amerika ausgewandert und arbeitete hier als Schleusenwärter. Er war verhältnismäßig gut gekleidet und sah nicht aus, als müsse er Hunger leiden. Hier hielt ich eine Ansprache auf finnisch, und Rovio übersetzte sie ins Russische. Anschließend kam der amerikanische Finne zu mir, um mit mir zu sprechen und da niemand zu bemerken schien, daß wir finnisch sprachen, konnten wir uns eine Zeitlang ganz ungestört unterhalten. Er und ein anderer amerikanischer Finne waren als Sträflinge nach Solowetskije verbannt und dann vor anderthalb Jahren zur Arbeit an diesem Kanal abkommandiert worden.

Er erzählte, während der vergangenen anderthalb Jahre sei seine ganze Mannschaft im Winter in baufälligen Behelfsbaracken untergebracht worden und habe im Sommer im Freien oder in Zelten übernachten müssen. Die Arbeiter waren in kleine Gruppen aufgeteilt, die jeweils von einem Vertrauensmann überwacht wurden. Diese Vertrauensleute wußten, daß sie selbst erschossen werden würden, wenn auch nur ein einziger Gefangener aus ihrer Gruppe entfloh. Es gab nicht viele GPU-Posten. In seiner aus einigen hundert Mann bestehenden Mannschaft gab es zum Beispiel nur vier oder fünf uniformierte GPU-Wachen, aber auf zehn Gefangene kamen zwei oder drei Vertrauensleute. Da diese Arbeitskommandos die für den Kanalbau benötigten Bäume oft tief im Walde fällen und entrinden mußten, hätten die GPU-Posten nicht ausgereicht. Die Männer bekamen gerade genug zu essen, um nicht zu verhungern, und die sanitären Verhältnisse waren unbeschreiblich. Viele infizierten sich mit Fleckfieber und Typhus, und fast alle litten unter Skorbut.

Der aus Amerika zurückgekehrte Finne sagte mit einem kleinen Lachen: „Für Sie ist eine solche Vergnügungsreise mit den festlichen Empfängen an den Schleusen sicher ganz angenehm, aber wenn Sie etwas tiefer ins Land hineingehen würden, dann würden Sie ganz andere Eindrücke sammeln. Sie würden auf die Leichen Tausender von Zwangsarbeitern stoßen. Sie liegen nicht einmal in richtigen Gräbern; man hat sie verscharrt wie die Tiere."

Er klang nicht einmal besonders verbittert. Er erklärte sogar, am schlechtesten sei es ihm im Solowetzkije-Gefängnis und während der ersten Tage im Arbeitslager gegangen.

Von Sorokka aus, wo der Kanal endete, setzten wir unsere Reise nach Kem fort. Weder Rovio, der „Zar von Karelien", noch sein seit langer Zeit höchster Beamter waren jemals dort gewesen. Angesichts meiner eigenen Erfahrungen auf diesem Gebiet interessierten mich vor allem die Zustände in den Gefängnissen, und deshalb hatte Rovio für uns die Genehmigung erwirkt, das Gefängnis von Solowetzkije zu besuchen. Wir suchten den GPU-Chef in Kem auf, der stellvertretender Direktor dieses Gefängnisses war. Zufällig war auch sein Vorgesetzter bei unserer Ankunft in Kem.

Er war zu Besuch bei seinem Stellvertreter und erklärte uns sofort: „Sie können das Gefängnis jetzt nicht besuchen. Ich weiß, daß Sie eine Erlaubnis haben, aber ich muß es Ihnen verbieten, denn im Lager sind einige Fälle von Fleckfieber aufgetreten, und Sie könnten sich anstecken."

Vergeblich versuchten wir ihn davon zu überzeugen, daß wir uns nicht vor der Ansteckung fürchteten und das Gefängnis unbedingt besuchen wollten, wenn es keine anderen Hindernisse gebe. Immerhin war er bereit, uns die Zustände in Solowetzkije genau zu schildern und uns alles zu sagen, was wir wissen wollten. Außerdem bot er uns an, das Gefangenenlager in Kem zu besuchen, wenn wir es wünschten.

Wir nahmen uns einen ganzen Tag Zeit dafür, und das war mehr als genug. Damals waren in Kem angeblich achttausend Strafgefangene untergebracht, eine für dortige Verhältnisse geringe Zahl. Es war eine Art Durchgangslager für Sträflinge aus Solowetzkije, die verlegt werden sollten sowie für andere, die auf dem Wege dorthin waren. Von Kem aus wurden sie in die verschiedenen Arbeitslager geschickt, meist in die karelischen Wälder, während andere Zwangsarbeiter, die aus den Lagern zurückkehrten, von hier wieder nach Solowetzkije gingen. Dort waren schätzungsweise vierzigtausend Strafgefangene untergebracht.

Als sie am Anfang unseres Gesprächs erfuhren, daß ich ein Fachmann auf dem Gebiet des Gefangenenwesens war, erläuterten beide GPU-Chefs begeistert ihr System. Sie wiesen sofort darauf hin, daß die Lager in Kem und in Solowetzkije keine Besserungsanstalten wie etwa Jugendgefängnisse oder gewöhnliche Strafanstalten seien, wo die Insassen rehabilitiert würden. Nein, die Leute, die hier ihre Strafe verbüßten, waren hoffnungslose Fälle.

Was wir im Lauf eines Tages im Lager Kem erlebten, zeigte nur allzu deutlich, daß auch die Gefangenen jede Hoffnung aufgegeben hatten. Das Lager war wie ein Friedhof für die Lebenden; die Menschen waren völlig apathisch, wollten keine Fragen beantworten und schienen jeden Lebenswillen verloren zu haben.

Nach der Besichtigung des Lagers suchten wir den Lagerdirektor in seinem prächtigen Haus auf, schilderten ihm unsere Eindrücke und mußten beide gestehen, daß uns das Gesehene zutiefst erschüttert hatte. Die Insassen standen alle kurz vor dem Hungertod und waren offensichtlich physisch und psychisch schwer krank.

Der Direktor, der Rovio schon kannte, wendete sich besonders an mich und sagte: „So ist es nun einmal. Als alter Kommunist sagen Sie mir, wie man die Klassenfeinde in einem kapitalistischen Land behandelt. Hat man nicht auch dort die Absicht, sie endgültig loszuwerden? Es hätte doch keinen Sinn, sie länger als notwendig zu ernähren und am Leben zu erhalten. Am besten nutzt man ihre Arbeitskraft noch so lange wie möglich. Diese Leute hier im Lager Kem und in Solowetzkije sind die schlimmsten Elemente; es sind die Feinde der Gesellschaft. Sie können sich doch sicher nicht vorstellen, daß aus diesen Kulaken gute sowjetische Bauern werden könnten? Gewiß nicht aus denen in diesem

Lager. Wenn einer von ihnen lebend hier herauskommt, wird er nichts Gutes über diese Zustände zu sagen haben. Und auch die anderen sind nichts wert; sie gehören zum größten Teil der Intelligenz an. Es ist nur natürlich, daß man diese Leute umkommen läßt. Sie sind ausnahmslos ein solcher Abschaum, daß es am besten ist, ihre Arbeitskraft bis zum letzten auszunutzen und sie dann in die Grube zu werfen."

Noch niemand hat eine genaue Statistik über die Gesamtzahl der beim Bau des Stalin-Kanals umgekommenen Opfer aufstellen können, aber man spricht von sechzig- bis zweihunderttausend.

Erst jetzt wurde mir klar, daß das alles systematisch geplant war. Die Strafgefangenen waren ein fester Bestandteil des gesamten Bestandes an Arbeitskräften in der Sowjetunion, und mit ihrer Hilfe sind die meisten großen Bauvorhaben verwirklicht worden. Nachdem ich vielerorts mit den Menschen gesprochen und sie mit eigenen Augen an der Arbeit gesehen hatte, wußte ich, daß dieses Phänomen nicht die Manifestation des Ehrgeizes irgendeines GPU-Chefs war, der sich in den Kopf gesetzt hatte, Klassenfeinde zu vernichten, sondern eine auf höchster Regierungsebene entwickelte politische Methode.

Wie ist es nun möglich, daß dieses System, das seit der Zeit, da Stalin die unumschränkte Macht an sich gerissen hatte, praktiziert wurde, so lange im Ausland nicht bekannt geworden ist?

Gylling und Rovio haben mir erzählt, eine der schwierigsten Verwaltungsaufgaben, die sie übernehmen mußten, sei ein Projekt gewesen, mit dessen Durchführung sie während der großen Wirtschaftskrise in den Jahren 1931/32 beauftragt worden seien. In den karelischen Wäldern wurde damals das Holz fast ausschließlich von Zwangsarbeitern gefällt. Im englischen Unterhaus wurden Berichte über diese Zustände mit Empörung zur Kenntnis genommen, und die Abgeordneten verlangten, England dürfe von der

Sowjetunion kein Bauholz mehr kaufen, weil es das Produkt von Sklavenarbeit sei. Die britische Regierung beauftragte eine Kommission zu untersuchen, ob die Berichte den Tatsachen entsprächen. Als die Kommission abreiste, wurde die Sowjetunion davon unterrichtet, daß eine aus drei Mitgliedern bestehende Delegation in die Sowjetunion kommen und die Angelegenheit untersuchen werde.

Darauf erhielt die karelische Regierung einen geradezu absurden Befehl von Kirow in Leningrad: Innerhalb von achtundvierzig Stunden sollten alle Zwangsarbeiter, die an der Reiseroute der Kommission beschäftigt waren, abgezogen und nach Möglichkeit durch freie Arbeitskräfte ersetzt werden. Die Verlegung der Zwangsarbeiter war eine einfache Sache. Sie wurden so tief in die Wälder getrieben, daß es unmöglich gewesen wäre, sie aufzufinden. Aber die Beschaffung der freiwilligen Arbeitskräfte war nicht so einfach. Wo ließen sich genügend Leute finden, mit denen der Eindruck erweckt werden könnte, daß es sich hier um einen Holzeinschlag unter ganz normalen Verhältnissen handelte? In aller Eile wurden alle Fabrikarbeiter in Petrosawodsk, die landwirtschaftlichen Arbeiter in den Kollektiven und alle anderen verfügbaren freien Arbeitskräfte in die Wälder abkommandiert.

Als die Kommission daher die karelischen Waldgebiete bereiste, bekam sie keinen einzigen Zwangsarbeiter zu sehen. Die Engländer durften mit den Arbeitern sprechen, und jeder einzelne von ihnen konnte bestätigen, daß er ein freier Mensch und von irgendeiner Fabrik oder einer landwirtschaftlichen Kollektive hierhergekommen sei. Aber keiner von ihnen sagte, wann er angefangen habe, als Holzfäller zu arbeiten. Die Engländer kamen auch gar nicht auf den Gedanken, danach zu fragen, und auch wenn sie es getan hätten, hätten die Arbeiter ihnen weisungsgemäß geantwortet, sie seien schon jahrelang an ihrer jetzigen Arbeitsstelle.

Es war nicht einfach gewesen, dieses Täuschungsmanöver durchzuführen, und die oberste sowjetische Führung sprach Gylling und Rovio ihre besondere Anerkennung dafür aus.

So war es möglich, jeden Tag aufs neue zu behaupten, Rußland sei ein demokratisches Land, in dem der Arbeiter ein freier Mensch ist; ein freier Staat, in dem es keine Arbeitslosigkeit gebe. Hätte man die Wahrheit gekannt, dann wäre sich die Welt der Tatsache bewußt geworden, daß die Sowjetunion das Problem der Arbeitslosigkeit mit Gefängnissen und Zwangsarbeitslagern löste.

Die Leninschule in Moskau

Anfang der 1920er Jahre gründete das Exekutivkomitee der Komintern die Leninschule in Moskau als kommunistische höhere Lehranstalt auf internationaler Ebene. Die Arbeit dort begann recht bescheiden mit nur wenigen Dutzend Studenten. Im Lauf der Jahre wurde die Schule ständig erweitert, bis sie zu einer internationalen politischen Universität mit fast tausend Studenten wurde.

Nach Abschluß des gesamten Lehrgangs auf der Moskauer Leninschule wurde ich Generalsekretär der Finnischen Kommunistischen Partei und etwas später Mitglied des Präsidiums der Komintern. Vom Herbst 1934 an arbeitete ich als Dozent an der Schule und setzte diese Tätigkeit bis 1936 fort, als die männlichen Lehrgangsteilnehmer zu der sogenannten Internationalen Brigade nach Spanien geschickt wurden. Meine Themen waren in der Hauptsache die Geschichte der finnischen Arbeiterbewegung und der Gewerkschaftsbewegung.

Die wichtigsten Fächer auf dem Lehrplan der Schule waren natürlich der historische Materialismus, der Leninismus und die Geschichte der Kommunistischen Partei der Sowjetunion. Dabei wurde großer Wert auf die praktischen Übungen gelegt, zum Beispiel die Technik des Abhaltens von Versammlungen und die bei der Übernahme anderer Organisationen anzuwendende Taktik.

Neben den praktischen Methoden zur Übernahme der

Macht war die konspirative Tätigkeit jeder Art eines der wichtigsten Lehrfächer. Insbesondere wurden die Lehrgangsteilnehmer in der Parteiarbeit im Untergrund unterwiesen und lernten die Methoden der Anwerbung neuer Mitglieder, das Verschlüsseln von Nachrichten und so weiter.

Auf die Ausbildung der finnischen Kader wurde in der Sowjetunion besonderer Wert gelegt. Der Fehlschlag der finnischen Revolte im Jahr 1918 war nach sowjetischer Auffassung darauf zurückzuführen, daß es in Finnland zu wenige gut ausgebildete revolutionäre Kader gab. Für den Fall, daß sich in Finnland wieder die Möglichkeit für eine Revolution ergab, sollten Hunderte und nach Möglichkeit Tausende solcher Spezialisten in Reserve gehalten werden. Um das zu ermöglichen, hatte man seit Anfang der 1920er Jahre mit einem systematischen Ausbildungsprogramm begonnen.

An dieser Akademie sind Hunderte von roten Truppenkommandeuren ausgebildet worden. Natürlich gehörte die politische Schulung auch hier zum Lehrplan, aber die militärische Ausbildung stand im Mittelpunkt.

Als die Rote Armee 1939 Finnland angriff, gab es dort zweihundertfünfzig in der Sowjetunion ausgebildete Saboteure. Da ich damals noch Generalsekretär der Finnischen Kommunistischen Partei war, standen mir diese Leute zur Verfügung. Ich hätte ihnen befehlen können, Brücken und Fabriken zu sprengen und die finnischen Kriegsanstrengungen in jeder denkbaren Weise zu sabotieren. Ich befahl ihnen jedoch genau das Gegenteil und verbot jede Sabotagetätigkeit. Ich erklärte, das Land müsse verteidigt werden. So hat es in Finnland während des Winterkrieges auch wirklich keinerlei Sabotage gegeben.

Was Lehrern und Studenten jedoch am lebendigsten im Gedächtnis haften geblieben ist, sind Ereignisse, die sich außerhalb des Lehrbetriebs zugetragen haben. Da die Leninschule ein Internat war und alle Studenten im Bereich der Schule wohnten, hatten die Lehrer mehr zu tun als den im Lehrplan vorgesehenen Unterricht abzuhalten; und da die Hälfte der Studierenden Frauen waren, spielte die Beziehung der Geschlechter im Zusammenleben keine geringe Rolle. Anfangs waren die jungen Männer und Frauen in jeweils getrennten Quartieren untergebracht und lebten zu jeweils fünf oder sechs in einem Zimmer, aber nachdem die Schule auf den Berg Warpus verlegt worden war, wo es in den neu errichteten Gebäuden nur Doppelzimmer gab, zogen die jungen Männer sehr bald mit den Mädchen zusammen.

An der Leninschule wurden die familiären Verhältnisse nach Möglichkeit zur Unterstützung kommunistischer Bestrebungen ausgenutzt.

In der schwedischen Abteilung gab es einen hochgewachsenen, schlanken und gutaussehenden jungen Mann mit Namen Anton Strand, der alle Frauenherzen für sich gewann. Ich lernte ihn im Sanatorium der Schule auf der Krim kennen, wo er eine Beziehung zu einem jungen Mädchen aus der spanischen Abteilung unterhielt. Die junge Spanierin war ausnehmend schön und elegant, und das junge Paar erregte beträchtliches Aufsehen, wenn es am Strand spazierenging. Anton hatte die ernste Absicht, seine spanische Freundin zu heiraten, und reichte bei seiner Abteilung ein offizielles Gesuch ein, um das Mädchen zunächst in Rußland zu ehelichen und die Heirat dann in Schweden bestätigen zu lassen. Aber die Kadersektion der Schule – die Geheimpolizei der Komintern – lehnte das Gesuch ab. Das spanische Mädchen war politisch nicht vertrauenswürdig, und deshalb war eine solche Ehe unerwünscht.

Damit hatten sich alle Hoffnungen Antons zerschlagen, der jetzt mit gebrochenem Herzen durch die Korridore seiner Unterkunft schlich. Aber wenn die Not am größten ist, ist die Hilfe am nächsten. Schon bald lernte er ein sehr charmantes und wohlerzogenes Mädchen in unserer Abteilung kennen – oder vielmehr eine Matrone, denn sie war schon längere Zeit verheiratet gewesen, und dann war ihre Ehe gescheitert. Sie hieß Irja Nousiainen und wurde nun zum Mittelpunkt der Emotionen Anton Strands. Man sah die beiden ständig zusammen, hatte aber den Eindruck, daß es kein besonders leidenschaftliches Liebesverhältnis war.

Das veranlaßte uns, diskret einzugreifen. Ich wurde beauftragt festzustellen, ob Irja geneigt war, ihren Partner zu heiraten. Zunächst schien sie überhaupt nicht interessiert zu sein. Als echtes sowjetisches Pflegekind fühle sie sich offenbar sehr wohl in der Sowjetunion und hatte kein Verlangen danach, in den Westen zu gehen.

Als ich ihr die Angelegenheit jedoch aus ideologischer Perspektive erläuterte, zeigte sie genügend Parteidisziplin, um mir zu sagen: „*Wse rawno*, wenn es das Interesse der Partei verlangt, bin ich bereit, jedes Opfer zu bringen."

Anton Strand reagierte nicht ganz so schroff auf diesen Vorschlag. Als die Führung der schwedischen Abteilung mit ihm sprach, zeigte er sich recht zugänglich – nicht ganz so begeistert wie im Falle der Spanierin, aber durchaus nicht ablehnend. So kam also diese parteipolitische Ehe zustande, und 1936 reiste Irja mit ihrem Anton nach Schweden. Dort legte sie den zuständigen Behörden die sowjetische Heiratsurkunde vor, und die Ehe wurde nach schwedischem Recht bestätigt.

Das war keineswegs die einzige Heirat, die im Rahmen der Komintern und der Leninschule vermittelt wurde. Damals wurden Hunderte von ähnlichen Ehen geschlossen. Die meisten von ihnen scheiterten, weil es Mußheiraten waren, aber die Ehe von Anton und Irja, die sich später Irma nannte, hatte Bestand. Ich bin während meines Aufenthaltes in Stockholm oft mit den beiden zusammengetroffen. Sie führen eine glückliche und harmonische Ehe, haben ausgezeichnete Parteiarbeit geleistet, und Irja hat der finnischen Partei manchen wertvollen Dienst erwiesen.

Ich erinnere mich auch noch an den Fall Pentikäinen. Leutnant Vilho Pentikäinen, der dem finnischen Generalstab angehörte und als Spion für die Sowjetunion arbeitete, desertierte Anfang 1935, fuhr mit seinem Wagen an die Grenze und wechselte auf der karelischen Landenge auf sowjetisches Staatsgebiet über. Die finnische Presse berichtete ausführlich über diesen Fall, aber wie üblich verlautete in der Sowjetunion nichts darüber.

Es verging eine längere Zeit – soweit ich mich erinnere, waren es wenigstens sechs Monate –, und wir von der Parteiführung hatten die Sache schon fast vergessen. Dann kam Sirola, der damals die finnische Abteilung an der Leninschule leitete, eines Tages zu mir und teilte mir sehr geheimnisvoll mit, er habe mit einem gewissen hohen Beamten in der Kadersektion gesprochen und von ihm die folgende Mitteilung erhalten:

Pentikäinen, der sich seit seinem Frontwechsel in der Obhut der vierten Sektion der Armee – das war die für Spionage und politische Arbeit zuständige Abteilung – befand, war überflüssig geworden. Man hatte alles, was er wußte, aus ihm herausgequetscht, und hatte nun keine weitere Verwendung für ihn. Man mußte auch aus anderen Gründen auf seine Mitarbeit verzichten, denn er wußte zu viel über die Methoden des sowjetischen Geheimdienstes bei seinen Operationen in Finnland.

Jetzt wollten diese Leute wissen, ob die Finnen ihn irgendwie gebrauchen könnten, und zwar nicht in Finnland selbst, sondern in der Sowjetunion. Dabei ging es besonders um die Frage, ob die finnischen Parteiführer ihn in die Leninschule oder irgendeine andere Lehranstalt schicken wollten, um ihn dort für irgendwelche Sonderaufgaben ausbilden zu lassen. Wenn die Finnen ihn nicht brauchen konnten, müsse man ihn ohne Aufsehen zu erregen verschwinden lassen.

Sirola war ein warmherziger Mensch und war zutiefst entsetzt. Er sagte, er fürchte, die Tage dieses Mannes seien gezählt, wenn wir ihn nicht in die Schule aufnähmen. Für mich war das eine unerträgliche Vorstellung, und ich fürchtete, wir könnten uns damit kompromitieren, denn obwohl die Studenten an der Leninschule in allen möglichen unpolitischen Fächern wie etwa im Anstiften von Revolten unterrichtet wurden, war es doch eine politische Lehranstalt. Ich hielt es für unmöglich, einen Menschen aufzunehmen, der nichts mit Politik zu tun hatte, nicht der Finnischen Kommunistischen Partei angehörte, sondern nur ein Spion war. Aber Sirola wollte sein Gewissen nicht mit dem Leben dieses Mannes belasten, und als wir die Angelegenheit mit Kuusinen besprachen, ließ dieser sich die Sache durch den Kopf gehen und gab Sirola schließlich recht.

Da nun beschlossen war, Pentikäinen als Studenten in die Leninschule aufzunehmen, gaben Sirola und ich ihm genaue Verhaltensregeln, um zu verhindern, daß er sich durch irgendwelche Unvorsichtigkeiten selbst verriet. Wir nahmen an, die Leute würden ihn trotz der zahlreichen von ihm veröffentlichten Fotos nicht erkennen, besonders wenn er behauptete, aus einer Gegend Finnlands zu stammen, in der die Partei bisher noch kaum tätig gewesen war.

Außerdem vereinbarten wir, daß er nicht versuchen sollte, sich als Arbeiter auszugeben, sondern als Büroangestellter mit einer etwas gründlicheren Schulbildung. Die Einweisung durch Sirola und mich dauerte einige Tage, und als wir glaubten, ihn ausreichend auf sein neues Leben vorbereitet zu haben, bekam er wie alle anderen einen Decknamen und wurde in die Schule aufgenommen.

Man muß zugeben, daß er ein erstklassiger Verschwörer war. Während der ganzen Zeit seines Studiums war er ein gewissenhafter, guter Schüler, der seine Hausaufgaben und alle anderen Aufträge pünktlich erledigte, nicht zu viel redete, nicht mit seinen Kenntnissen auf irgendeinem Gebiet prahlte, sich bescheiden im Hintergrund hielt und es großartig verstand, sein Geheimnis zu wahren. Gemessen an all diesen Eigenschaften war er in der Tat ein erstklassiger

Spion. Vom Herbst 1935 bis zum Frühjahr des folgenden Jahres war an seinem Verhalten nicht das geringste auszusetzen. Ich glaube nicht, daß auch nur ein einziger Student der Schule auf den Gedanken gekommen ist, hinter seinem Pseudonym verstecke sich der bekannte Geheimagent Pentikäinen.

Kuusinen und ich – Sirola starb im März 1936 – beobachteten aufmerksam seine Fortschritte, und ich habe mir oft überlegt, wie man diesen Mann einsetzen könnte, nachdem er den Lehrgang beendet hatte, und welches Schicksal auf ihn wartete. Doch oft erledigen sich solche Probleme von selbst, und so war es auch hier.

Als das Frühjahrssemester zu Ende gegangen war und die Abteilung, der er angehörte, eine Besichtigungsreise zu Kolchosen und Fabriken unternahm, war in Spanien der Bürgerkrieg ausgebrochen. Tausende sogenannte Freiwillige aus der Sowjetunion schlossen sich der Internationalen Brigade an. Die Leninschule stellte den Unterricht ein, und es war selbstverständlich, daß alle männlichen Studenten an die Front gingen.

Als Parteisekretär und Lehrer an einer Abteilung der Schule mußte ich die Aufgabe übernehmen, die Studenten für die Beteiligung an dieser Aktion zu gewinnen. Aus dem Ton des offiziellen Vorschlags ging deutlich hervor, daß der Freiwillige mit seiner Meldung an die Front eine Verpflichtung gegenüber der Partei erfüllte, wenngleich offiziell erklärt wurde, wer nicht nach Spanien zu gehen wünsche, könne seine Ablehnung begründen, wenn er es sofort täte. Doch keiner der männlichen Studenten meiner Abteilung wollte den Vorschlag ablehnen.

Damit war die Angelegenheit erledigt, und schon am nächsten Tag wurde die ganze Gruppe an eine andere Schule versetzt, wo sie die Verhaltensvorschriften für die Reise und die notwendigen Ausrüstungsgegenstände erhielt. Natürlich wurden diese Männer nicht in Uniformen eingekleidet, sondern reisten in Zivil.

Schon vor der Versetzung an die andere Schule hatten wir sie entsprechend instruiert. Beim Anblick dieser jungen Leute, die mit leiser Stimme die Eidesformel nachsprachen, hatte ich das Gefühl, daß außer einem keiner mit Leib und Seele bei der Sache war. Wie sollte man das auch von jungen Männern erwarten, die alt genug waren, um zu wissen, was ein Krieg bedeutet?

Der einzige, dessen Blick und ganze Haltung deutlich seine Bereitschaft zeigte, nach Spanien zu gehen, war Pentikäinen – für ihn begann ein neues Leben. Ein ganzes Jahr hatte ihn ein Alptraum bedrückt, denn er war intelligent genug zu erkennen, daß man ihn nicht mehr brauchte. Die Vierte Abteilung der Armee hatte keine Verwendung mehr für ihn. Er wußte auch, daß er der finnischen Abteilung nichts mehr nützen konnte und seine Zukunft bestenfalls unsicher war. Er mußte täglich mit dem Todesurteil rechnen, und die Beteiligung an diesem Krieg war für ihn der letzte Ausweg aus einer Sackgasse. Und nun fing er wieder an zu leben. In dem Augenblick, als er in die Liste der Freiwilligen eingetragen wurde, bemerkte ich zum ersten Mal, daß seine Augen leuchteten und er seine alte Vitalität zurückgewonnen hatte.

Er war der einzige, der mich nach meinem Vortrag zur Seite nahm, mir die Hand schüttelte und ausrief: „Großartig! Jetzt fängt ein neues Leben an!"

So zog er in den Krieg auf der Suche nach einem neuen Leben.

Wir teilen die Wohnung mit Kuusinen

Wir verbrachten fast ein Jahr in Moskau, bis Kuusinen uns im Sommer 1934 den Vorschlag machte, zu ihm zu ziehen. Er hatte eine große leere Wohnung, in der er allein lebte, legte aber nun augenscheinlich großen Wert darauf, diese Wohnung mit uns zu teilen. Nach seiner Scheidung von der Finnin Aino Sarola hatte er eine Lettin namens Palkina geheiratet. Aber bald wurde er auch ihrer überdrüssig, ließ sich scheiden und sehnte sich nun in seiner Einsamkeit nach Gesellschaft.

Wir konnten uns nicht sofort entscheiden und wollten vorher noch mit anderen darüber sprechen, ob es ratsam sei, mit einer solchen führenden Persönlichkeit zusammenzuziehen. Ich fragte Kuusinens Töchter, Hertta und Riikka, nach ihrer Meinung, und sie beide, besonders aber Hertta, rieten uns entschieden davon ab. Zwar war es eine sehr ansehnliche Wohnung, und das Leben dort war mit vielen Sonderprivilegien verbunden. Sie meinten aber, das Zusammenleben mit ihrem Vater werde sehr schwierig sein. Er war launisch, und sein Lebensstil unterschied sich in mancher Hinsicht von dem anderer Menschen; wochenlang konnte er sehr zuvorkommend und freundlich sein, geriet aber von Zeit zu Zeit in einen tranceähnlichen Zustand, in dem er kaum ansprechbar war und man nicht sagen konnte, welches die Gründe für seine Unfreundlichkeit waren. In solchen Perioden würden es seine Untermieter nicht leicht mit ihm haben.

Aber Kuusinen ließ nicht locker. Wenn er sich etwas in den Kopf gesetzt hatte, dann gelang es ihm fast immer, seinen Willen durchzusetzen.

So wurden wir Kuusinens Untermieter im *Dom Prawitelstwo, „dem Haus an der Uferstraße"*.

Das nach meiner Erinnerung 1931 gebaute *Dom Prawitelstwo* lag am Ufer der Moskwa schräg gegenüber dem Kreml. Es war ein zwölfstöckiger Koloß und erstreckte sich über fast einen ganzen Häuserblock. Wir haben nie feststellen können, wieviele tausend Menschen darin wohnten; allzu große Neugier war nicht gut für die Gesundheit.

Diese schon in der Planungsphase für Kuusinen reservierte Wohnung war so geräumig, daß sie sich sogar für die Familie eines Kapitalisten geeignet hätte.

Das *Dom Prawitelstwo* war als Musterbau geplant und sollte die höchsten Ansprüche an Eleganz und Bequemlichkeit erfüllen. Da hier nur hohe Regierungsbeamte untergebracht werden sollten, mußten die Wohnungen in jeder Beziehung erstklassig sein. Doch schon während des Baus und noch bevor das Dach fertiggestellt war, stellte sich heraus, daß die Konstruktion des Gebäudes fehlerhaft war. Die Wände zerbarsten, die Decken stürzten ein und so weiter. Die Architekten und Planer wurden verhaftet und, wie man behauptete, erschossen. Das zweite Architektenteam, das das begonnene Werk retten wollte, erwies sich ebenfalls als unfähig und wurde wie das erste liquidiert. Erst die dritte Gruppe von Architekten konnte das Gebäude fertigstellen und irgendwie bewohnbar machen.

Manche Türen paßten in die Rahmen, andere nicht, und die Ritzen waren so breit, daß nicht nur Mäuse, sondern auch etwas größere Tiere hereinkamen. Die Fenster schlossen etwas besser. Die Bretter des Parkettfußbodens waren fast alle lose, und wenn man darüberging, hoben und senkten sie sich mit klapperndem Geräusch.

Das *Dom Prawitelstwo* war bis ins letzte Detail vom

Staat geplant worden, ebenso auch die Inneneinrichtung, und die Möbel waren ebenso häßlich wie das Gebäude selbst. In Kuusinens Arbeitszimmer stand ein riesiges, langes und breites, scheußliches Sofa. Der gewaltige Schreibtisch hätte zu einem „eisernen Kanzler" gepaßt. Doch der wichtigste Gegenstand war eine ganz unauffällige Kartothek.

Jedes politische System hat seine eigene Geheimwaffe, und die Geheimwaffe des sowjetischen Systems ist die Kartothek. Die GPU, die Vierte Abteilung der Armee und das Zentralkomitee der Kommunistischen Partei haben Millionen von Menschen registriert, und zwar Ausländer ebenso wie Russen. Kuusinen genügte eine kleine Kartei mit nur wenigen hundert Karten. Er interessierte sich nur für die politische Führungsspitze. Neben Lenin und Stalin waren hier alle wichtigen politischen Funktionäre in alphabetischer Reihenfolge erfaßt. Das war sein Arsenal an der ideologischen Front, an der er sich betätigte. Auf den Karten war alles eingetragen, was die betreffende Person Positives über den Marxismus, Leninismus und Stalinismus gesagt hatte. Es fehlten aber auch nicht die Aussprüche, die nach Meinung Kuusinens ketzerisch waren – und das war die Hauptfunktion der Zitatensammlung. Positiv zu wertende Aussprüche wurden nur selten gebraucht, denn damals war nur richtig, was Stalin sagte. Kuusinen interessierte sich für die „Sünden wider den Heiligen Geist", und solche Vergehen waren in seiner Kartei registriert.

Die auffallendsten Gegenstände in Kuusinens Arbeitszimmer waren die an Stricken von der Decke herabhängenden Ringe, die allerdings nicht zu der von der Regierung entworfenen Einrichtung gehörten. Jeder Besucher fragte sofort nach ihrem Zweck, und Kuusinen erklärte, er brauche sie, um fit zu bleiben, und benutze sie jeden Morgen. Das war richtig, nur daß die schweißtreibende Morgengymnastik erst gegen Abend stattfand, denn das war die Zeit, zu der er gewöhnlich aufstand.

Das Leben in diesem Gebäude war fast völlig gegen die Außenwelt abgeschirmt, denn es war einigermaßen schwierig, auch seine besten Freunde mit nach Hause zu nehmen. Erstens folgte niemand gern einer solchen Einladung wegen der zahlreichen Inspektionen und Befragungen, die damit verbunden waren, aber zweitens konnte man auch nicht jeden beliebigen Gast einladen, weil nur ein bestimmter Personenkreis zugelassen wurde. Das Gebäude wurde streng überwacht. Gewöhnliche Pförtner genügten nicht. Auf jedem Treppenabsatz waren Tag und Nacht Wachen postiert, und diese Wachtposten unterstanden einem Chef, dem jeder Besucher vorgeführt wurde. Auf einem Passierschein wurde vermerkt, daß Genosse N. zu einer bestimmten Zeit, zum Beispiel um zehn Uhr zwölf an diesem Tage gekommen ist, um den Genossen soundso zu sehen. Anschließend mußte ich auf dem Passierschein bestätigen, daß der Genosse N. meine Wohnung um elf Uhr dreiundzwanzig verlassen hat. Wenn der Betreffende ein auch noch so kleines Paket, eine Aktentasche oder irgend etwas anderes mitgebracht hatte, mußte dafür ein besonderer Erlaubnisschein ausgestellt werden: Genosse N., der das Haus vormittags um elf Uhr dreiundzwanzig verlassen hat, hatte diesen oder jenen Gegenstand bei sich.

Unser Wachpersonal stellte für die Maiparade eine ganze Kompanie. Es gab viele Etagen, und da für jede drei Schichten zur Ablösung benötigt wurden, brauchte man eine kleine Armee für diese Aufgabe. Die Wachen gehörten alle der GPU an, und die Wachhabenden waren die vertrauenswürdigsten Offiziere dieser Organisation und standen offenbar in einem hohen militärischen Rang.

Auch unser Leben in dieser Wohnung spielte sich in zwei Schichten ab. Meine Frau und ich arbeiteten tagsüber. Ich ging täglich in mein Büro in die Leninschule, die vom Morgen bis zum Abend geöffnet war, und erteilte tagsüber meinen Unterricht. Meine Frau, die damals an einem Sprachenseminar teilnahm, arbeitete ebenfalls während des

Tages. Kuusinen mußte sich als Stalins persönlicher Sekretär * natürlich den Gewohnheiten Stalins anpassen.

Die engsten Mitarbeiter Stalins mußten alle nachts arbeiten, und auch wenn sie nichts zu tun hatten, mußten sie wach bleiben.

Auf dem Schreibtisch in Kuusinens Arbeitszimmer standen zwei Telefone – in seinem Büro waren es noch mehr –, ein normales Telefon, das ans öffentliche Fernsprechnetz angeschlossen war, und ein zweites, das ihn mit dem sogenannten heißen Draht verband, das wir als „Wertuschka" bezeichneten. Nur die höchsten Funktionäre, die Mitglieder des Politbüros und die Sekretäre der Komintern, verfügten über eine „Wertuschka". Ich hatte diese Berechtigung nicht. Die Vermittlung befand sich im Kreml, und wenn es läutete, wußte man, daß ein hohes Tier am Apparat war. Das Läuten dieses Telefons hatte auch seinen besonderen, unverwechselbaren Ton.

Wenn das normale Telefon läutete, nahm Kuusinen fast nie den Hörer ab. Aber wenn die „Wertuschka" läutete, sprang er auf wie ein geölter Blitz, gleichgültig ob er im Bett lag, Kaffee trank oder mit einer wichtigen Arbeit beschäftigt war; es bestand immer die Möglichkeit, daß Stalin ihn persönlich anrief.

Deshalb arbeitete Kuusinen nachts und ging oft erst um fünf oder sechs Uhr morgens zu Bett, manchmal sogar später. Alle Konferenzen wurden für den Abend oder die Zeit um Mitternacht angesetzt.

Aus diesem Gründen arbeiteten die Bewohner unseres Appartements in zwei Schichten, und wir trafen uns nur am Abend, wenn unsere Arbeit getan war und seine begann.

---

* Tuominen bezeichnet Kuusinen nicht nur als „Stalins persönlichen Sekretär", sondern auch als „Stalins vertrauten persönlichen Sekretär", „Stalins Geheimsekretär", „Stalins ideologischen und theoretischen Sekretär", „Stalins Berater in ideologischen und internationalen Fragen", „einen Spezialisten, den Stalin brauchte", der „die Reden für Stalin schrieb". So war er also nicht nur ein Sekretär im üblichen Sinne dieses Wortes.

Die Mahlzeiten nahmen wir meist getrennt ein, aber oft tranken wir alle zusammen Kaffee. Wenn wir abends nach Hause kamen und meine Frau den Kaffee zubereitete, ließ sich Kuusinen nie zweimal dazu bitten. Er war stets bereit, uns dabei Gesellschaft zu leisten. Der Kaffee war sein Lieblingsgetränk und so galt der Beschaffung von Bohnenkaffee seine besondere Sorge, denn die Sowjetunion importierte nur geringe Mengen und auch nur minderwertige Sorten. Die Sendungen trafen gewöhnlich einmal im Vierteljahr ein. Die Nachricht verbreitete sich wie ein Lauffeuer bei den finnischen Familien: „Eine neue Kaffeesendung ist eingetroffen!" Und schon bald waren die Regale in den Läden wieder leer. Die Russen – und sogar diejenigen, die es sich leisten konnten – kauften im allgemeinen keinen Kaffee, denn sie sind Teetrinker, aber es gab viele Ausländer in Moskau, die sich für den Kaffee interessierten. Kuusinen deckte seinen Bedarf vor allem über gute Freunde und Bekannte in Schweden, aber ein Teil des Kaffees kam auch aus Amerika. Trotzdem kam es häufig vor, daß der Kaffee ausging, und dann begannen schlechte Zeiten für Kuusinen. Doch der kluge Mann baut vor: Er sammelte stets den Kaffeesatz und trocknete ihn, um solche Notzeiten überbrücken zu können. Gott allein weiß, wie oft diese Reste überbrüht wurden.

Eines hat uns oft amüsiert und manchmal geärgert. Die Küche, die keineswegs vorbildlich eingerichtet und möbliert war, hatte einen Gasherd. Oft stellte Kuusinen die Kaffekanne auf die Flamme und ging dann in sein Zimmer, um nachzudenken oder an der „Weruschka" zu telefonieren. Wenn er sich nach einer halben Stunde, vielleicht aber auch erst nach zwei Stunden an den Kaffeetopf erinnerte – oder durch den Brandgeruch daran erinnert wurde – und in die Küche lief, um den Topf zu retten, war das Wasser verdampft, der Kaffeesatz verbrannt, der Boden des Topfs ruiniert und das ganze Gerät unbrauchbar geworden.

Auf den Küchenregalen stand eine ganze Reihe trauriger

Reste von elektrischen und anderen Kaffeekesseln aus Aluminium, Messing, Kupfer und Emaille – wahrscheinlich sind es mehr als ein Dutzend gewesen. Auch wir besorgten für den Haushalt einige Kaffeekessel, die aber alle der Gasflamme zum Opfer fielen. Doch dann traf in einem Kaufhaus eine große Lieferung finnischer Kaffeekessel ein, die nach Abschluß eines Handelsabkommens importiert worden waren, und Kuusinen kaufte einen ganzen Vorrat davon. Bei dieser Gelegenheit ersetzte er auch die von uns geliehenen. Damit waren unsere Sorgen für eine Zeit gebannt.

Wir hatten alle unsere Arbeit und genossen das Zusammensein, denn Kuusinen war ein in jeder Hinsicht gut unterrichteter Mann. Zwischen uns gab es nicht die geringsten Meinungsverschiedenheiten. Meine Frau und ich konnten gar nicht verstehen, weshalb Hertta und Riikka geglaubt hatten, wir würden mit ihrem Vater nicht auskommen können. Zwar stellten wir fest, daß er gelegentlich gegenüber anderen Menschen launisch und abweisend war, aber uns räumte er offenbar einen Sonderstatus ein. Von Zeit zu Zeit wurde er wortkarg, schien irgendwie bedrückt und hing seinen eigenen Gedanken nach. Wenn das geschah, fragten wir nicht nach den Gründen, sondern ließen ihn in Frieden, bis er nach einigen Tagen wieder zu reden begann und uns so freundlich behandelte wie eh und je.

Fünf Jahre lang war ich der engste Vertraute von Kuusinen, der seinerseits als persönlicher Sekretär Stalins eine Sonderstellung einnahm. Wenn Kuusinen für Stalin mehr oder weniger vertrauliche Berichte verfaßte, las er sie stets meiner Frau und mir vor, und wir redigierten gemeinsam den Text. Kuusinen selbst benutzte niemals eine Schreibmaschine, sondern meine Frau übernahm jedesmal diese Aufgabe und schrieb seine russischen oder deutschen Texte ins reine. Er verwendete für seine Berichte beide Sprachen, aber alles, was Stalin vorgelegt wurde, war auf russisch abgefaßt.

Übrigens weigerte sich meine Frau jedesmal, wenn Kuusinen diese Frage während der Zeit unseres Zusammenlebens zur Sprache brachte, der Kommunistischen Partei beizutreten. Sie sagte ihm ganz offen, sie sei keine Kommunistin. Sie habe Poika Tuominen nur geheiratet, weil sie ihn als Mann schätzte, sie teile aber nicht seine politische Überzeugung. Kuusinen erwiderte, da ich einen so hohen Posten bekleidete, würde es für uns beide nützlich sein, wenn sie ihren Beitritt erklärte. Doch darauf erwiderte meine Frau, es täte ihr leid, ihn mit ihrer Weigerung in Schwierigkeiten zu bringen, sie könne den Kommunismus aber nicht akzeptieren. Schließlich erklärte Kuusinen, er könne sie verstehen – und das bewies seine Toleranz.

Es gibt eine große Zahl von Beschlüssen und Grundsatzerklärungen der Komintern, die von Kuusinen verfaßt und von meiner Frau redigiert und geschrieben worden sind. Sie war eine hervorragende Stilistin und beherrschte das Russische, das Deutsche, das Englische, das Schwedische und das Finnische. Außerdem konnte sie sehr schnell und fehlerfrei auf der Maschine schreiben und war eine gute Stenografin.

Unser Leben zu dritt dauerte nicht sehr lange, denn Kuusinen hatte während eines Sanatoriumsaufenthalts auf der Krim ein Auge auf eine junge Ärztin mit Namen Marina geworfen – vielleicht war sie aber auch nur eine Medizinstudentin. Dieses kindliche junge Mädchen war ein typisches Produkt der sowjetischen Ära und gehörte zu dem Kreis der Intellektuellen, der sich unter den neuen Herrschern entwickelt hatte. Mit ihr kam ein Hauch russischen Lebens ins Haus, wie wir es nicht kannten – und das wahrscheinlich auch Kuusinen fremd gewesen ist. Im übrigen war sie ein bezauberndes junges Mädchen, und nachdem Kuusinen sie nach sowjetischem Gesetz geheiratet hatte, ist sie ihm eine gute Frau gewesen. Das Leben in unserer Kolchose verlief durchaus angenehm, bis Marinas Mutter erschien, um ihren Schwiegersohn zu besuchen. Sie war Armenierin, hatte in Tiflis einen reichen Kaufmann geheiratet und lebte offenbar immer noch in den Vorstellungen der zaristischen Zeit, auf deren Wiederkehr sie hoffte. Im übrigen hatte sie keine eigene Meinung und keinerlei Interessen. Sie konnte nichts anderes als Hühner braten, und das tat sie ständig. Das Zusammenleben mit ihr wäre durchaus erträglich gewesen, hätte es nicht Probleme mit der gemeinsamen Toilette gegeben. Sie wußte nicht, wie man eine solche Einrichtung benutzt, und war nicht bereit, sich hinzusetzen, obwohl der Sitz aus poliertem Mahagoni war. Nein, die fette alte Oma kletterte auf den Sitz und verunreinigte bei dem Versuch, den Ort auf diese Weise zu nutzen, den ganzen Raum. Marina versuchte sie auf armenisch zu belehren, Kuusinen ermahnte sie in einer etwas diskreteren Form, und auch meine Frau, der die Aufgabe zufiel, die Toilette zu reinigen, sprach ein ernstes Wort mit ihr, aber die armenische Schwiegermutter reagierte empört und erklärte ganz naiv und im Brustton der Überzeugung, als sauberer Mensch denke sie nicht daran, sich die Hände bei einer so niedrigen Arbeit zu beschmutzen. Als sie aufgefordert wurde, sich zu setzen, erklärte sie, sie sei eine zu feine Dame, um diesen Sitz mit anderen zu teilen.

Unter solchen Umständen konnten wir sie natürlich nicht lange in unserer Kommune dulden. Kuusinen bemühte sich daher energisch darum, sie in die gewohnte Umgebung in den Kaukasus zurückzuschicken, und auch Marina mußte einsehen, daß ihre Mutter nicht in unsere Wohngemeinschaft paßte.

Unsere Nachbarn gehörten zur obersten Schicht der Hierarchie in der Sowjetunion. Alle hohen sowjetischen Beamten, die nicht im Kreml lebten – und das waren außer Stalin nur drei oder vier, manchmal aber auch nur zwei –, wohnten im *Dom Prawitelstwo,* wenigstens die meisten von ihnen. Über uns lebte der gefeierte Radek. Uns gegenüber auf der gleichen Etage wohnte der Generalsekretär des Roten Internationalen Gewerkschaftsbundes, der Profintern, Losowski, der später den Posten des stellvertretenden Außenministers einnahm. Auf einem der unteren Stockwerke befand sich die Wohnung des Politbüromitglieds Tomski, des führenden Sekretärs des sowjetischen Gewerkschaftsbundes. Ein weiterer Bewohner des *Dom Prawitelstwo* war mein alter Bekannter Bucharin.

Natürlich hatten wir keinen engen gesellschaftlichen Kontakt mit diesen Nachbarn, trafen aber doch gelegentlich mit ihnen zusammen. Radek sahen wir häufiger als die anderen, denn wir begegneten ihm und seinem schwarzen Pudel, dessen Name *Tschort* (Teufel) gut zu ihm und seinem Herrn paßte, oft im Aufzug. Aber wir bekamen es auch in einem anderen Zusammenhang mit ihm zu tun. Als eines Nachts in unserem Zimmer das Wasser von der Decke zu tropfen begann, weckten wir Kuusinen, riefen beim Pförtner an und verständigten auch Radek, weil das Wasser aus seiner Wohnung kam. Er bestätigte, daß die Leitung in seinem Badezimmer gerissen war und das Wasser in einem dicken Strahl herausschoß. Er verfluchte das Gebäude, die Klempner und die ganze Hausverwaltung, während wir im Flur standen und darauf warteten, daß irgendetwas geschah. In dem elfstöckigen Gebäude hatte das Wasser viele Möglichkeiten, sich einen Weg zu suchen, besonders da die Wände voller Rattenlöcher waren. Sowjetische Ratten sind besonders fleißig und erfindungsreich, und das veranlaßte Radek zu beißend sarkastischen Bemerkungen.

Radek erfand auch mit besonderem Vergnügen antistalinistische Witze und brachte sie in Umlauf. Als Stalin, der geliebte Führer von zweihundert Millionen Russen, den Missetäter zu sich befahl und zur Rede stellte, weil er Witze weitererzählt hatte, mit denen Stalin lächerlich gemacht wurde, verteidigte sich Radek und erklärte: „Diesen Witz habe ich nicht erfunden."

Während der ersten Jahre, die ich in diesem Gebäude zubrachte, hatte ich mich über nichts zu beklagen, bis Ende 1936 die großen Säuberungen einsetzten, die im Frühjahr und Sommer 1937 mit einem beispiellosen Vernichtungsfeldzug ihren Höhepunkt erreichten. Man hatte jetzt ein sehr unheimliches Gefühl, wenn man die zehn Stockwerke im Aufzug hinauffuhr, denn überall erschreckte einen das bekannte Siegel der GPU. Es war ein großes rotes Siegel, etwa vier Zoll im Durchmesser, und es war an den Türen der Wohnungen angebracht, deren Inhaber verhaftet worden waren. Man sah es auf jeder Etage vom Erdgeschoß bis hinauf ins oberste Stockwerk. Eines dieser Siegel klebte eines Tages auch an der Wohnungstür von Rykow, eine Etage tiefer. Wenn wir im Aufzug hinauffuhren, starrten wir wie gebannt darauf. Schon bald gab es diese Siegel in allen Stockwerken, an der Tür von Tomski, an der Tür von Radek und an vielen anderen. Es war eine schreckliche Zeit. Die Menschen sprachen nur noch im Flüsterton miteinander und fragten sich, für wen die Glocken des Kreml das nächste Mal läuten würden. Wer war morgen an der Reihe? In jenen Tagen hielten wir immer eine zusammengerollte Decke bereit, denn jeder wußte, wenn man abgeholt wurde, durfte man höchstens eine Decke mitnehmen.

Das Siegel blieb im allgemeinen drei oder vier Monate an den Wohnungstüren, bis das Untersuchungsverfahren gegen den Inhaber der Wohnung abgeschlossen war oder sein Schicksal sich entschieden hatte. Ich kenne keinen einzigen Fall, in dem ein einmal Verhafteter in seine Wohnung zurückgekehrt ist. Sie alle sind einfach spurlos verschwunden. Ihre Verwandten wurden sich selbst überlassen und mußten sich eine neue Unterkunft suchen, wenn sie nicht auch verhaftet worden waren.

Die Wohnungen wurden anschließend neuen Funktionären zugeteilt, welche die offiziellen Pflichten ihrer Vorgänger übernommen hatten. Erst dann verschwand das Siegel von der Wohnungstür, es gab aber nicht den geringsten Hinweis darauf, wer der Neuankömmling war, denn die Wohnungstüren waren nicht mit Namensschildern gekennzeichnet.

Das Leben für so gesellige Menschen, wie meine Frau und ich es waren, unter solchen Umständen etwas langweilig wurde, beschlossen wir, ein kleines Fest zu veranstalten und dazu alte Freunde und Nachbarn einzuladen. Die Gelegenheit dafür ergab sich im Oktober 1936 zum fünfundfünfzigsten Geburtstag Kuusinens. Wir verständigten den Helden des Tages nicht von unseren Plänen, trafen aber alle Vorbereitungen und luden eine Gruppe seiner engsten Bekannten und Freunde ein. Natürlich besorgten wir uns die notwendige Sondererlaubnis des Wachhabenden, der die Passierscheine ausstellte, und versicherten ihm, daß alle für diesen Tag eingeladenen Gäste vertrauenswürdig seien. Einen Tag vor dem Fest teilten wir Kuusinen mit, er müsse morgen zu Hause bleiben. Es wurde ein besonders fröhliches Zusammensein.

Vor zwei Monaten hatte der „ Prozeß gegen die sechzehn Verräter" stattgefunden, in dessen Verlauf Sinowjew und Kamenew liquidiert worden waren, aber wir glaubten, das sei das Ende dieser Phase in der Entwicklung, sicher aber nicht der Startschuß für eine neue Säuberung.

Die Schrecken der folgenden Jahre lagen daher noch hinter dem eiseren Vorhang der Zukunft, und die fröhliche Gesellschaft, die sich bei uns versammelt hatte, genoß in unbekümmerter Ausgelassenheit die Krebse, die um diese Jahreszeit überall angeboten wurden und mit denen wir uns reichlich eingedeckt hatten. Von Kuusinens nahen Verwandten war nur seine Tochter Riikka erschienen. Hertta saß in Finnland im Gefängnis. Sein Sohn Esa war in Karelien, und sein Schwager Laaksovirta war im vergangenen Jahr im Zusammenhang mit dem Gerichtsverfahren gegen Manner hingerichtet worden.

Die Gäste waren Bewohner der Hotels Lux und Sojusnaja sowie einige Schweden. Wir beendeten das Fest mit einer ausgelassenen Tanzerei am späten Abend, und bei der Polka wurde so temperamentvoll getanzt, daß einer der Tänzer stürzte und sich fast einen Schädelbruch zuzog, weil er über eines der losen Bretter im Parkettfußboden von Kuusinens Arbeitszimmer gestolpert war.

Das Leben auf einer Kolchose
Freiwilliger Beitritt unter Zwang

Kuusinen, der mich gründlich auf meine Arbeit vorbereiten und vor allem dafür sorgen wollte, daß ich besser russisch lernte, ermöglichte mir im Sommer 1934 einen dreimonatigen Aufenthalt in der Provinz im Auftrag der Komintern.

Über das Leben auf dem Lande wußte ich bis dahin nur, was an der Leninschule gelehrt wurde und was die sowjetische Presse der eigenen Bevölkerung und dem Ausland berichtete: Nachdem in den Jahren 1929/30 die Kolchosen eingerichtet worden waren, hatten sich ihnen fast alle Bauern angeschlossen, und ihr Leben hatte sich wie durch ein Wunder vollkommen verändert. Die Wohnverhältnisse hatten sich gebessert, die Menschen waren besser gekleidet, und auch das kulturelle Leben hatte sich gegenüber der Zeit vor der Kollektivierung und besonders der Zarenzeit völlig verändert. Etwas später erklärte Stalin: „Das Leben ist besser geworden, Genossen, das Leben ist fröhlicher geworden."

Ich hatte mit ausländischen Delegationen und mit meiner Schule schon einige Kolchosen in der Umgebung von Moskau besucht, aber das waren typische Musterbetriebe. Die Kolchosbauern waren relativ gut untergebracht, verfügten über brauchbare Ackergeräte, und die sanitären und sozialen Einrichtungen waren im großen und ganzen gut organisiert. Ich hatte den Eindruck, daß die Verhältnisse in Rußland zwar noch nicht in jeder Beziehung befriedigend seien, aber doch erträglich und mit Sicherheit viel besser als früher.

Nun führte mich meine Reise in den Bezirk Teplo-Ogarewski. Er lag an der Grenze des Moskauer Bezirks zur Ukraine, etwa hundert Kilometer von der Stadt Tula entfernt. Hier befand sich die Kolchose *Sowjety Lenina,* die unter der Schutzherrschaft der Komintern stand. Diese Schutzherrschaft bedeutete, daß eine städtische Behörde die Kolchose zur Erntezeit mit zusätzlichen Arbeitskräften versorgte, sie finanziell unterstützte und so weiter. Ich hätte eigentlich in der Kolchose selbst untergebracht werden sollen, da sich dort aber kein geeigneter Raum finden ließ, schickte man mich zur Politabteilung der Maschinen-Traktorenstation.

Nach der Kollektivierung der Landwirtschaft hatte man im ganzen Land solche Stationen eingerichtet. Je nach ihrer Größe versorgten sie zwanzig bis fünfzig Kolchosen; meine Station betreute den Maschinenpark von dreißig Kolchosen. Wie es das System vorsah, gab es hier auch ein politisches Büro unter der Leitung eines Politkommissars. Jetzt mußte er auch noch für mich sorgen.

Der Kommissar war ein gewisser Maslow, der früher als Parteisekretär für die Belegschaft der Moskauer Zeitung *Prawda* verantwortlich gewesen war und als solcher eine gehobene Stellung eingenommen hatte. Aus irgendwelchen Gründen, vielleicht wegen seiner besonderen Tüchtigkeit, war er nun beauftragt worden, diesen großen Bezirk zu übernehmen.

Dieser intelligente und freundliche Mann machte einen günstigen Eindruck auf mich, was ich von seiner Umgebung nicht sagen konnte. Ihm unterstand ein großer technischer Stab, aber ich sah unter all diesen Menschen kein einziges glückliches Gesicht; es herrschte eine deprimierende Stimmung wie in einem Gefangenenlager. Die Arbeitskleidung war unglaublich heruntergekommen, die reinsten Lumpen, wie man sie in Moskau nicht zu sehen bekam, obwohl die Bevölkerung dort auch nicht besonders gut gekleidet war.

Ich lebte in dem für die Beamten der Station reservierten Gebäude. Außer dem Politkommissar waren hier alle leitenden Funktionäre untergebracht – der Agronom, die Ingenieure und der Architekt, der die Gebäude entworfen und gebaut hatte. Mit ihm teilte ich auch mein Zimmer. Er war ein außerordentlich liebenswürdiger und freundlicher Mann, dessen geistiger Horizont über die Grenzen Rußlands hinausreichte. Irgendwie war er bei der Regierung in Ungnade gefallen und zu fünf Jahren Haft verurteilt worden. Ich habe den Grund für die Verurteilung nie erfahren, und wahrscheinlich hat er ihn auch selbst nicht gekannt. Doch weil die Gefängnisse überfüllt waren, hatte man ihn in diese Gegend verbannt und damit beauftragt, unter anderem auch diese Häuser zu bauen. Er durfte sich in der unmittelbaren Umgebung frei bewegen, sie aber nicht ohne Erlaubnis verlassen. Mit anderen Worten, er war ein Häftling.

Unser Zimmer war nicht das schlechteste in diesem Haus, aber in Finnland hätte man es für unbewohnbar erklärt, wenigstens im Winter, denn der Wind blies durch unzählige Fugen an den Fenstern und Türen. Jetzt im Spätsommer und Herbst machte das nichts aus, denn damit war für frische Luft gesorgt. Aber die Schwärme von Ungeziefer, Wanzen, Flöhe, Mäuse und Ratten waren eine andere Sache. In diesen Hütten konnten sie sich unter den Fußbodenbrettern und unter dem Dach frei bewegen, und da nichts gegen diese Plage unternommen wurde, kann man sich vorstellen, wie unerträglich diese Zustände waren. Doch vor allem erstaunte es mich – und ich kann es bis heute nicht verstehen –, daß es den Bewohnern nichts ausmachte. Obwohl es von Ratten und Mäusen wimmelte und die Wanzen einem nachts über das Gesicht krochen, hielten sie das für einen ganz normalen Zustand. Nachdem ich am ersten Abend zu Bett gegangen war, wurde ich von einer solchen Armee von Wanzen und Flöhen attackiert, daß ich kapitulierte und mich auf den Hof zurückzog. Nachdem ich dort neuen Mut geschöpft hatte, versuchte ich es noch einmal, im Bett zu schlafen, aber gegen brutale Gewalt läßt sich nichts ausrichten, und so verbrachte ich den Rest der Nacht unter dem Sternenhimmel.

Am folgenden Tag wusch ich das elende Bettgestell ab und schüttelte das Bettzeug im Freien aus. So blieben von den Tausenden nur noch einige hundert Wanzen übrig. Doch was sollte ich gegen die Flöhe unternehmen? Mein Zimmergenosse, der mir interessiert zugesehen hatte – obwohl er sich selbst den Teufel um das Ungeziefer scherte –, kam mir zu Hilfe.

„*Tschornaja kavalerija* (die schwarze Kavallerie) läßt sich leicht abwehren“, sagte er. „Ein Floh kann fünfundzwanzig bis fünfunddreißig Zentimeter weit springen. Wenn Sie Ihr Bett in die Mitte des Zimmers stellen und einen etwa vierzig Zentimeter breiten Ölstreifen herumziehen, werden die Flöhe Sie in Frieden lassen.“

Ich folgte seinem Rat, und die Methode erwies sich als durchaus wirksam. Die schwarze Kavallerie konnte den Todesstreifen nicht überqueren, und die Wanzenarmee in meinem Bett bekam keine Verstärkung mehr. Jeden Abend holte ich mir aus der Vorratskammer einen Eimer Petroleum und beschmierte den Fußboden damit, denn der Schutzstreifen mußte ständig erneuert werden. Gegen den Krach, den Ratten und Mäuse machten, ließ sich nichts unternehmen, aber die menschliche Anpassungsfähigkeit ist doch so groß, daß ich nach wenigen Nächten schlief wie ein Murmeltier.

Da es die Aufgabe des politischen Sektionschefs war, dafür zu sorgen, daß die Kolchosen ihr Plansoll erfüllten, mußte er die Betriebe täglich besuchen. Im allgemeinen blieb er den ganzen Tag bei einer Kolchose, hielt Versammlungen ab und inspizierte die Arbeiten der verschiedenen Gruppen. Ich begleitete ihn und hatte dabei die Gelegenheit, auch die Arbeiter und ihre Lebensbedingungen kennenzulernen.

Die meisten Behausungen in dieser Gegend waren strohgedeckte Lehmhütten mit gewöhnlich nur einem Raum. Das Innere war durch eine dünne Bretterwand geteilt, die nur selten bis an die Decke reichte. Auf der einen Seite lebten die Menschen, und hier nahm ein großer Ofen die Hälfte des Raumes ein. Die andere Seite diente als Vieh- und Hühnerstall. Hier war manchmal eine Kuh oder ein Kalb untergebracht, aber damals kam das nur sehr selten vor. Möbel gab es praktisch keine. Nur selten gab es Betten; offenbar schliefen die Menschen auf dem Ofen. In einigen dieser Hütten gab es einen Tisch und eine roh zusammengezimmerte Schlafkoje. Manchmal war der Boden mit Ziegelsteinen belegt, und die Zwischenräume zwischen den Ziegeln waren mit Lehm verschmiert. Doch in den meisten dieser Behausungen bestand der Boden nur aus Erde und Lehm. Wenn diese Hütten während der trockenen Jahreszeit schon kaum menschlichen Wohnungen glichen, dann waren sie im Herbst, wenn es ständig regnete, in einem geradezu unbeschreiblichen Zustand, denn dann brachte jeder, der den Raum betrat, an seinen Stiefeln den weichen Schlamm von draußen herein. Die fast nackten kleinen Kinder – nur wenige von ihnen trugen aus abgelegten Kleidungsstücken der Erwachsenen zusammengelickte Lumpen, und kam eines hatte eine Hose an – saßen, liefen und krochen in diesem Matsch herum, und man kann sich vorstellen, wie sie aussahen.

Doch im Lauf der Jahrhunderte hatte sich die Menschen an diese Verhältnisse gewöhnt. Die Landbevölkerung schien nicht besonders schlecht ernährt zu sein. Die Leute waren nicht mager, sondern machten im allgemeinen einen ganz kräftigen Eindruck. Natürlich sah man viel mehr rachitische, krummbeinige Kinder mit aufgedunsenen Bäuchen als in Finnland, bedenkt man aber, unter welchen Bedingungen sie lebten und wie mangelhaft sie ernährt wurden, waren es doch verhältnismäßig wenige. Welche einzigartige Kraft ließ die Kinder gedeihen, die in diesen elenden Hütten aufwuchsen, und machte sie zu kräftigen und gesunden Menschen? Erklärt das die Tatsache, daß die russische Nation fähig ist, auch das schwerste Schicksal zu ertragen?

Auf der Leninschule hatten wir gelernt, daß der Beitritt zu einer landwirtschaftlichen Kollektive freiwillig sei; niemand werde dazu gezwungen. Zu Beginn der Kollektivierung sei es zugegebenermaßen zu Mißgriffen gekommen, als einige wenige Politkommissare Zwangsmethoden und Drohungen angewendet hätten, doch sobald Stalin davon hörte, habe er den strikten Befehl gegeben, solche Drohungen und Zwangsmaßnahmen zu unterlassen. Mit anderen Worten, das ganze Kolchossystem gründe sich auf Freiwilligkeit.

Hier auf diesem Beobachtungsposten, an den man mich versetzt hatte, brauchte ich nicht sehr lange, um festzustellen, daß weniger als die Hälfte der Kolchosbauern sich freiwillig dem Kollektiv angeschlossen hatten. Nur ein kleiner Teil der Allerärmsten hatten sich freiwillig gemeldet, nicht aber die normalen Bauern. In Gesprächen erfuhr ich, wer diesen Entschluß freiwillig gefaßt hatte und wer nicht, denn erstaunlicherweise sprachen die Bauern hier auf dem Lande ganz furchtlos mit mir.

Mein erster Eindruck, der sich im Lauf der Zeit bestätigte, war, daß hier jeder ein Konterrevolutionär sei und die Bevölkerung auf dem Lande offen gegen Moskau und Stalin revoltierte. Hier gab es keine Lobgesänge auf den großen Stalin, wie man sie in den Städten hörte. Wenn die Menschen gelegentlich gezwungen wurden, sich positiv über die Sowjetregierung zu äußern, dann verfluchten sie die Versuche, sie auszubeuten, mit um so größerer Heftigkeit. Obwohl seit der Einrichtung der Kolchosen fünf Jahre vergangen waren und man diese Bauern während der ganzen Zeit erheblich unter Druck gesetzt hatte, hatten immer noch achtzehn Prozent ihre privaten landwirtschaftlichen Betriebe. In einigen Bezirken hatten sich mehr als neunzig Prozent, in anderen weniger als achtzig Prozent den Kolchosen angeschlossen. Hier gehörten zweiundachtzig Prozent zur Kollektive, die anderen nicht. Jetzt im Jahr 1934 wurde ein neuer Angriff gegen die privaten Bauern unternommen. Dafür gab es die verschiedensten Methoden. Die erste war die Besteuerung; die Steuern wurden so hoch angesetzt, daß sie unmöglich bezahlt werden konnten – sie betrugen das Doppelte oder sogar das Dreifache der Zahlungsfähigkeit. Diese Menschen waren mit Sicherheit keine Kulaken, reiche Bauern, denn die waren längst liquidiert worden. Diese Menschen waren so arm, daß nur eine von den vielen Familien, die wir besuchten, ein Pferd hatte, und drei hatten eine Kuh. Mit anderen Worten, wir konnten nur drei Kühe beschlagnahmen und versuchten, uns mit einem Pferd davonzumachen.

Die Ernte ergab kaum genug Getreide, um den Familien das Überleben zu sichern. Der Boden wurde mit einem primitiven Holzpflug gepflügt, das Korn wurde mit einer Sichel geschnitten und vor der Bauernhütte auf Sackleinen mit der Hand gedroschen. Es gab weit und breit auch nicht die primitivste Dreschmaschine. Wenn auf einem Stück Land zehn Hektoliter Roggen geerntet wurden, dann wurde die Steuer schätzungsweise auf zwanzig Hektoliter angesetzt, und das Bauerngehöft wurde streng überwacht, so daß, wenn der Roggen geschnitten und ein kleiner Teil davon in aller Eile vor der Hütte getrocknet und daraus vielleicht zehn Liter gedroschen worden waren, dieses Getreide sofort beschlagnahmt werden konnte, bevor die Menschen Zeit hatten, es zu essen.

Aber meist war es schon klar, bevor wir zu unserer Runde aufbrachen, daß dieser oder jener Mann ohne weitere Umstände verhaftet werden würde, und wenn seine Nachbarn eine drohende Haltung einnahmen, war das Grund genug, auch sie einzusperren. Wenn die Männer dann ins Lager abgeschoben waren, schlossen sich die Frauen und Kinder der Kolchose an. So einfach ließ sich der freiwillige Beitritt erreichen.

Ich bin in meinem Leben schon oft in Schwierigkeiten gewesen, aber nur selten in einer so scheußlichen Lage. Wir brachen auf – sieben oder acht bewaffnete Steuereintreiber – und Flüche und Tränen folgten unseren Spuren. Die Männer bedrohten uns und fluchten – die Russen verfügen über ein unglaubliches Repertoire an Schimpfworten –, die Frauen weinten und beteten, die Kinder brüllten. Aber umsonst – alles wurde mitgenommen; nicht ein Stück Brot blieb zurück. In diesen Hütten gab es kaum irgendwelche Verstecke; das einzige Versteck war auf dem Ofen unter den Lumpen. Und obwohl wir ungezählte Häuser durchsuchten, haben wir nirgends einen ganzen Sack Getreide gefunden. Es waren höchstens zehn bis zwanzig Kilo und ein paar Stücke Brot.

So ging es tagelang weiter. Manchmal durchsuchten wir auch Häuser, die schon vorher ausgeraubt worden waren, um zu sehen ob sich die Leute inzwischen wieder mit Getreide versorgt hatten. Und jedesmal entspann sich der folgende Wortwechsel:

„Wann wird Schluß sein mit diesen Raubzügen?"

„Warum treten Sie nicht der Kolchose bei?"

„Selbst in diesem Elend wissen wir noch, wie wir sterben wollen. In den Kolchosen ist es nicht besser. Auch dort werden wir bis aufs Hemd ausgeraubt, und die Kinder verhungern."

Manchmal gerieten wir in etwas kritische Situationen. So konnte man einen bestimmten Hof nur durch einen schmalen Gang zwischen zwei Hütten erreichen, und dort stand ein alter Mann mit einem Beil in der Hand.

„Wer hier durchwill, bekommt eins mit dem Beil!"

Natürlich entstand die typisch russische Aufregung. Der Mann schimpfte laut und drohte mit der Axt, und unsere Männer fluchten und zogen ihre Waffen. Draußen auf der

Steppe, etwa dreihundert Meter von uns entfernt, sahen wir einen halbwüchsigen Burschen auf einem Pferde davongaloppieren. Der alte Mann sah sich um und sagte: „Ich wollte Ihnen nichts tun, sondern nur dafür sorgen, daß der Junge mit dem Pferd fortkommt."

Das war der einzige Vorfall, von dem man sagen könnte, er habe eine etwas humoristische Komponente gehabt.

Wie ist das Leben in einer Kolchose? Warum waren einzelne Bauern auch noch jetzt nicht bereit, ihr elendes Dasein gegen die Mitgliedschaft in einer Kolchose zu vertauschen?

Kurz gesagt ist eine Kolchose eine Genossenschaft, in der jedes Mitglied so hart arbeitet wie nur möglich. Wenn der Gesamtertrag des Jahres zusammengezählt worden ist, können auch die Löhne für jeden einzelnen Arbeitstag berechnet werden. Die Bodenverhältnisse bestimmen, was in der einzelnen Kolchose angebaut wird. In der Gegend, in die ich abkommandiert worden war, bauten fast alle Kolchosen Roggen an; Weizen gab es kaum. Gemüse wurde nur für die Selbstversorgung gezogen. Die Löhne wurden ausschließlich in der Form von Getreide bezahlt. Ich machte mit detaillierte Aufzeichnungen über das Verfahren, denn ich war zur Erntezeit gekommen, und als ich Ende September wieder abreiste, war die Ernte eingebracht.

Der Lohn für einen Arbeitstag betrug vier bis neun Kilo Getreide; der Durchschnitt waren sechs Kilo für den persönlichen Gebrauch. Am besten verdiente im allgemeinen eine Familie mit fünf arbeitenden Mitgliedern. Das waren der Mann, seine Frau und drei große Kinder, die jeweils etwa zweihundert Tage im Jahr arbeiteten. Im Winter ruhte die Arbeit, und zweihundert Arbeitstage bedeuteten, daß in der arbeitsreichsten Zeit im Sommer innerhalb von vierundzwanzig Stunden zwei und manchmal drei Normen geschafft werden mußten. Die tüchtigsten Kolchosfamilien waren an fünfmal zweihundert Tagen, das heißt an tausend

Tagen im Jahr beschäftigt. Legt man einen durchschnittlichen Tageslohn von sechs Kilo Getreide zugrunde, dann verdiente diese Familie sechstausend Kilo im Jahr und zusätzlich das, was sie auf einem winzigen Stück Land neben ihrer Hütte erzeugte.

Eine Familie dieser Kategorie ist sehr groß. Zu ihr gehören ebenso viele Erwachsene wie Kinder. Insgesamt sind es neun oder zehn Personen. Für die Ernährung eines jeden Familienmitglieds rechnet man dreihundertfünfzig Kilo Getreide im Jahr. Das ist nach finnischen Maßstäben sehr viel, in Rußland aber normal. Diese Familie erhielt also dreitausendfünfhundert Kilo Getreide für den eigenen Verbrauch, und die restlichen zweitausendfünfhundert Kilo konnten verkauft werden. Wäre es möglich gewesen, diese Menge zu verkaufen, wie es nach den für die Kolchosbauern gültigen Bestimmungen erlaubt war, hätte dieses Getreide auf dem Markt zwei Rubel pro Kilo, also insgesamt fünftausend Rubel eingebracht. Das wären tausend Rubel für jeden Arbeiter als Jahreslohn – mit anderen Worten ein annehmbares Einkommen.

Jedes Jahr, wenn die Ernte eingebracht war, erließ der Staat eine Anordnung, nach der außer dem Getreide, das die Kolchosen dem Staat als Steuern für die Benutzung des Maschinenparks zahlen mußten, auch der Überschuß an den Staat abzuliefern sei. Gewöhnlich war diese Verordnung in wohlklingende Worte gekleidet: In gewissen Gebieten war die Ernte schlecht gewesen, und um die Lage zu erleichtern, sollten die Gebiete mit einer besseren Ernte das Getreide für einen staatlich festgelegten Preis an den Staat verkaufen.

Hier befand sich alles Getreide in einer Hand, und deshalb war die Menge des Überschusses genau bekannt. Eine einfache Berechnung besagte, daß die Kolchose „Lenins Sowjet" dem Staat zwanzigtausend Kilo Getreide zu fünfzehn Kopeken das Kilo verkaufen konnte. So mußte die Familie Iwanow, die für ihr Getreide auf dem freien Markt fünftausend Rubel bekommen hätte, es für nur dreihundertfünfundsiebzig Rubel an den Staat verkaufen, und das bedeutete pro Person einen Jahresverdienst von fünfundsiebzig Rubeln.

Ich habe von vielen Kolchosen ähnliches gehört, aber dieser Fall betraf ausgerechnet die von der Komintern bewirtschaftete Kolchose *„Sowjety Lenina"*. Der Vorsitzende dieser Kolchose konnte nur feststellen, daß die Ernte recht gut gewesen wäre, aber wenn der Staat alles nimmt, steht man schließlich mit leeren Händen da. Was man für fünfundsiebzig Rubel kaufen kann, ist nicht der Erwähnung wert. Für russische Verhältnisse war es eine so gute Ernte, daß die Kolchosbauern sich schon auszurechnen begannen, was sie sich für das mit dem überschüssigen Getreide verdienten Geld würden kaufen können. Wenigstens diesmal würde der Staat nicht alles stehlen.

Niemand rechnete mit der Überraschung, die Stalin diesmal für die Bauern bereithielt, und sogar Maslow war entsetzt, als er erfuhr, welche Mengen abzuliefern seien. Weil der Staat mit dem als Steuern abgelieferten Getreide die Industriearbeiter nicht ernähren konnte, befahl Stalin, daß die Gebiete, in denen ein Überschuß geerntet worden war, dem Staat alles Getreide verkaufen müßten, das nicht zur Befriedigung der Mindestbedürfnisse der Kolchosbauern gebraucht wurde. Der Politruk in jedem Gebiet bekam eine genaue Aufstellung darüber, wieviele Tonnen er in seinem Bezirk aufkaufen müsse.

„Unmöglich!" rief Maslow. „Man kann in unserem Bezirk nicht achttausend Tonnen zusammenbekommen, wenn man nicht das Saatgetreide und auch alles andere stiehlt!"

Aber Befehl ist Befehl. In aller Eile stellte Maslow eine Liste zusammen, aus der hervorging, welche Mengen seine etwa dreißig Kolchosen jeweils an den Staat „verkaufen müßten".

Ich hatte die Gelegenheit, dieses Unternehmen als Beobachter zu verfolgen. Außer Maslow gehörten der Einkaufsbrigade zwei Milizionäre, ein GPU-Beamter, ein Vertreter des Bezirkskomitees und ich selbst an. Das waren sechs Mann, von denen fünf eine Mauserpistole am Gürtel trugen.

Zunächst wurde eine Versammlung aller Kolchosbauern für einen bestimmten Tag anberaumt, und dann erschien unsere Brigade, um das Geschäft abzuschließen. Maslow verlas den Erlaß des Politbüros und erklärte, aus dem Gebiet des Bezirks Teplo-Ogarewski seien achttausend Tonnen abzuliefern. Dann gab er bekannt, welche Menge die betreffende Kolchose zur Verfügung zu stellen habe. Jedesmal erhob sich ein Protestgeheul. Die Leute erklärten, daß ihnen nichts mehr zum Leben übrig bleiben werde.

„Hat der Genosse Stalin nicht versprochen, daß wir den Überschuß auf dem freien Markt verkaufen dürfen? Dort bekommen wir zwei Rubel für das Kilo, während der Staat uns nur fünfzehn Kopeken bezahlt. Wie sollen wir Salz, Zucker und Tee kaufen, wenn uns das Getreide, das wir verkaufen wollten, für fünfzehn Kopeken gestohlen wird?"

Das Murren ging eine oder zwei Stunden weiter, aber dann schlugen die Milizionäre und der GPU-Beamte einen strengen Ton an: Das sei konterrevolutionäres Gewäsch, und Genosse Stalin habe befohlen, alle Konterrevolutinäre und Volksfeinde zu verhaften und streng zu bestrafen. Wenn die Kolchosbauern nicht die geforderte Menge verkaufen wollten, müßten sie als Konterrevolutionäre liquidiert werden.

Nach einer solchen Erklärung forderte Maslow die Leute auf über den Verkauf des Getreides abzustimmen: „*Kto za, kto protiv* – wer ist dafür, wer ist dagegen?" In einigen Fällen hoben sich schon beim ersten Mal so viele Hände „dafür", daß der Verkauf perfekt wurde. Aber oft brachte die erste Abstimmung ein negatives Ergebnis. Dann wurde eine neue „Versammlung" angesetzt, auf der die Milizionäre und der GPU-Beamte schärfere Drohungen aussprachen, und der Politruk konnte seine Leute bei der zweiten oder dritten Abstimmung dazu bewegen, sich mit dem Verkauf einverstanden zu erklären.

Und jeden Tag berichtete die Bezirkszeitung, wie die Mitglieder dieser oder jener Kolchose „mit großer Begeisterung einstimmig beschlossen, dem Staat sogar noch mehr Getreide zu verkaufen als von ihnen verlangt worden war."

Dann kamen wir eines Tages zu dem Kolchos „Roter Oktober". Das war ein mittelgroßer Betrieb mit etwa zweihundert Haushalten, und er gehörte zu den besten in diesem Bezirk. Die Bauern hatten sich vollzählig versammelt. Maslow wiederholte seine üblichen Ermahnungen und erklärte, der „Rote Oktober" werde zweihundert Tonnen verkaufen müssen. Es folgte die Abstimmung: „Wer ist dafür, wer dagegen?"

Alle waren dagegen. Es gab keine einzige Ja-Stimme. In früheren Fällen ließ sich die Zustimmung leicht mit der Tatsache erklären, daß die Kolchosvorsitzenden Kommunisten waren, die ihre Leute vor unserer Ankunft auf das Ereignis vorbereitet hatten. Im „Roten Oktober" gab es kein einziges Parteimitglied und nur wenige Mitglieder der kommunistischen Jugendorganisation.

Die Situation war kritisch, aber Maslow, die Milizionäre und der GPU-Beamte schienen unbeeindruckt.

Schon nach wenigen Minuten wurde eine neue Versammlung einberufen, und der Politruk erhob die gleiche Forderung unter den gleichen Bedingungen. So ging es die ganze Nacht weiter, und das Ergebnis war immer dasselbe: nur eine Stimme dafür – die eines Parteianwärters –, alle anderen dagegen. Erst im Morgengrauen endete die Komödie, aber nicht bevor Maslow wieder beteuert hatte, daß die Bauern schließlich doch verkaufen würden, nachdem er alle seine Methoden angewendet hatte.

Als wir fortfuhren, war ich neugierig zu hören, welche Geheimwaffe der Politruk gegen den augenscheinlich unbesiegbaren „Roten Oktober" einsetzen wollte.

Er lächelte nur zuversichtlich und sagte: „Morgen abend werden sie es erleben.“

Wir ruhten uns einen Tag lang aus und kehrten am Abend zu der Kolchose zurück. Dabei begleiteten uns ein Lastwagen von der Maschinen-Traktorenstation, zwei Milizionäre und ein weiterer GPU-Beamter. Diesmal kamen wir mit drei Kraftfahrzeugen und neun Männern, die Kraftfahrer nicht mitgerechnet.

Die Luft war gewissermaßen elektrisch geladen.

Maslow eröffnete die Sitzung ohne weitere Umstände und erklärte, nach Aussagen örtlicher Beamter hätten sich der Vorsitzende des Kolchos „Roter Oktober“ und zwei andere Kolchosbauern (die sich vorher besonders energisch gegen den Verkauf des Getreides gewehrt hatten) der Getreidespekulation schuldig gemacht und auf dem freien Markt Roggen mit Profit verkauft. Deshalb sei es eine traurige Pflicht, sie festzunehmen, denn nach dem sowjetischen Strafgesetz müsse Profitmacherei streng bestraft werden; mindestens zwei Jahre Haft und anschließend die Verbannung in entfernt gelegene Gebiete.

Nachdem er das gesagt hatte, gab er den Milizionären ein Zeichen, und sie führten die Beschuldigten sofort zu dem vor dem Haus stehenden Lastwagen. Im gleichen Atemzug fuhr er fort: „Jetzt werden wir abstimmen, wer dafür ist und wer dagegen.“

Darauf erhob sich ein gewaltiges Gebrüll. Alles schrie durcheinander. Niemand meldete sich einzeln zu Wort. Auf beiden Seiten wurden Drohungen ausgestoßen. Andere schrien, sie würden an die Genossen Stalin und Kalinin schreiben, die ein solches Verfahren nicht zulassen würden. Die Verwandten der Festgenommenen baten um Gnade.

Als es Maslow gelungen war, sich Gehör zu verschaffen, verlangte er eine neue Abstimmung, und zu meinem Erstaunen sah ich, daß sich zu der einen Ja-Stimme von gestern sechs weitere gesellten. Die große Mehrheit stimmte jedoch immer noch mit Nein.

Maslow verkündete nur in aller Ruhe, als sei nichts geschehen, daß nun eine neue Sitzung beginnen werde.

Wieder zog er ein Stück Papier aus der Tasche und verkündete, die örtlichen Beamten hätten auch erfahren, daß die Kolchosbauern Kulikow und Stepanow sowie viele andere Mitglieder dieses Kolchos, deren Namen er noch nicht bekanntgeben werde, an den Getreidespekulationen beteiligt gewesen seien. Deshalb sei es seine Pflicht, sie festnehmen zu lassen. Darauf wurden auch Kulikow und Stepanow hinausgeführt und mußten in einem Kraftwagen Platz nehmen.

Und wieder gab es Rufe und Schreie, denen eine neue Abstimmung folgte. Diesmal gesellten sich zu den sechs Ja-Stimmen aus der vorigen Abstimmung etwa zwanzig. Anschließend ließ Maslow noch zweimal abstimmen, und fünf weitere Kolchosbauern wurden festgenommen, doch trotzdem konnte er an diesem Abend die Mehrheit nicht für den Verkauf des Getreides gewinnen.

Unsere Gruppe kehrte lange nach Mitternacht zur Maschinen-Traktorenstation zurück, und obwohl wir zehn Gefangene mitgenommen hatten, die in das Bezirksgefängnis eingeliefert wurden, um von dort zur Zwangsarbeit hinter den Ural oder in einer der nördlichen Grenzregionen verschickt zu werden, war die Stimmung bei der Einkaufsbrigade getrübt.

Maslow setze sich am folgenden Tag mit Moskau in Verbindung und erhielt von dort neue Anweisungen.

Er lächelte milde und erklärte: „Man hat mir befohlen, kein Getreide zu beschlagnahmen, sondern die Kolchosbauern mit allen legalen Mitteln zu zwingen, für den Verkauf des Getreides zu stimmen. Sehen Sie, auf diese Weise verkaufen sie ihr Getreide ›freiwillig‹, und das ist etwas ganz anderes als eine Beschlagnahme.“

Am dritten Abend bereiteten wir uns darauf vor, den Widerstand des „Roten Oktober“ endgültig zu brechen. Die Einkaufskommission wurde zahlenmäßig verstärkt, und wir nahmen zwei Lastwagen mit.

Als die Einkaufsbrigade den Versammlungsraum betrat, hörte man eine Stimme: „Jetzt wollen diese Schweine alle Kolchosbauern verhaften, denn sie sind mit zwei Lastwagen gekommen.“ Die erste Abstimmung brachte nicht das gewünschte Ergebnis. Wieder wurden einige Kolchosniks festgenommen. Die Sitzung begann von neuem, und nach der zweiten Abstimmung neue Festnahmen. Selten habe ich eine so albtraumhafte Atmosphäre erlebt.

Es wurde dunkel. Petroleum hatte man in dieser Gegend schon seit Jahren nicht mehr gesehen, und deshalb konnte man auch keine Lampen anzünden. Die Sitzung ging im Dunkeln weiter. Nur eine Kerze wurde entzündet, als Maslow die Festnahme weiterer Männer befahl. Eine Abstimmung folgte der anderen. Der Kampf ging weiter, und inzwischen waren zehn Männer festgenommen worden. Schließlich, es war schon nach Mitternacht, sagte ein alter Mann: „Das wird alles nichts helfen. Sie werden morgen wiederkommen und auch übermorgen, bis niemand mehr übrig ist.“

Maslow ließ sofort wieder abstimmen, und diesmal sprach sich eine kleine Mehrheit für den Verkauf aus. Während das Sitzungsprotokoll geschrieben wurde, jammerte der alte Mann: „Ihr hättet wenigstens etwas Petroleum mitbringen sollen, damit wir sehen können, welchen räuberischen Beschluß wir unterschreiben!“

Wenn ich glaubte, daß ich die russischen Verhältnisse jetzt besser verstand, hatte ich mich gründlich geirrt, denn nun folgte die erstaunlichste Szene in diesem ganzen Drama. Nach Unterzeichnung des räuberischen Dokuments fragte einer der Einkäufer, ob irgendjemand ein Akkordeon hätte und zum Tanz aufspielen könnte. Und siehe da, das Akkordeon wurde gebracht und die noch nicht festgenommenen Kolchosbauern bildeten einen Kreis, einer spielte das Akkordeon, andere klatschten rhythmisch in die Hände, und in der Mitte des Kreises tanzten einige Bauern, der Politruk und die GPU-Männer den Hopak.

Die Bekehrung von Dieben

Die Revolution hatte dem Diebstahl in der Sowjetunion kein Ende gesetzt, sondern die Zahl dieser Delikte nahm zu, obwohl es fast nichts mehr gab, was sich zu stehlen lohnte.

Es gab keinen einzigen Menschen, dem nicht schon etwas gestohlen worden war. Nicht einmal so bekannte Persönlichkeiten wie Gylling und Rovio, denen auf ihren Reisen besondere Eisenbahnwagen zur Verfügung standen, wurden davon verschont. Auf einer solche Reise büßte Rovio seine gesamte Bekleidung und Wäsche ein, obwohl er einen internationalen Wagen benutzte, der an beiden Seiten von bewaffneten Posten bewacht wurde. Als er auf dem Bahnhof in Moskau aufwachte, hatte er nur noch seinen Schlafanzug, und bei der anschließenden Sitzung konnte er uns ebensowenig wie die Tschekisten sagen, wer der Dieb gewesen war und wie der Diebstahl begangen wurde.

Sirola, der Typ des zerstreuten Professors, büßte regelmäßig seine Uhr und seine Brieftasche ein. Die Skandinavier hatten es sich zur Aufgabe gemacht, ihn mit Uhren zu versorgen. Jedesmal wenn eine Delegation aus Schweden, Norwegen oder Dänemark eintraf, brachte sie eine Uhr für Sirola mit. Trotzdem hatte er in den Jahren, in denen ich mit ihm zu tun hatte, die meiste Zeit keine Uhr.

1935 nun begann eine öffentliche Kampagne zur Wiedereingliederung der Diebe in das sowjetische Arbeitsleben bei gleichzeitigem Straferlaß. Einige der ehemaligen Diebe selbst appellierten an alle Diebe in der ganzen Sowjetunion, das Stehlen aufzugeben und sich den örtlichen Behörden zu stellen, damit dieses verabscheuungswürdige Vergehen ausgerottet und sie alle würdige Söhne ihres Vaterlandes werden könnten.

Dieser Aufruf wurde in allen Tageszeitungen abgedruckt, und dann begann ein einzigartiges Drama. Täglich veröffentlichten die *Iswestija*, die *Wetschernaja Moskwa* und manchmal auch die *Prawda* die spannendsten Kriminalromane, die Autobiographien dieser Verbrecher. Einige von ihnen hatten ihre kriminelle Laufbahn schon im Alter von zehn Jahren begonnen, andere mit fünfzehn und wieder andere bereits im zaristischen Rußland oder unmittelbar nach der Machtergreifung durch die Sowjets. Nun hatten sie sich alle den Behörden gestellt, Geständnisse abgelegt und Reue bekundet. Das Thema schien unerschöpflich zu sein.

Eine der interessantesten Biographien war die des Grafen Kostja, der auf der ersten Versammlung ehemaliger Diebe das Wort ergriffen hatte. Er hatte sich auf die von Ausländern benutzten Schnellzüge in den Fernen Osten spezialisiert. Seine Komplizin war die schöne Sonja gewesen, eine junge Russin, die verschiedene Fremdsprachen beherrschte. Mit ihr wählte er seine Opfer aus, wenn der Zug Moskau oder Wladiwostok verließ. Elegant gekleidet reisten auch Kostja und seine Begleiterin erster Klasse. Sonja machte sich im Speisewagen mit dem Opfer bekannt und goß ihm ein starkes Schlafmittel in den Tee oder Kaffee. Wenn der Mann in sein Abteil zurückgekehrt war, verfiel er in einen tiefen Schlaf – von dem er manchmal nicht mehr aufwachte, wenn die Dosierung zu stark gewesen war. Graf Kostja erleichterte ihn indessen um sein Bargeld und alle Wertsachen, ließ dem Opfer aber die Kleider, ein ungewöhnlicher Umstand, denn im allgemeinen machten die Diebe in der Sowjetunion bei solchen Gelegenheiten reinen Tisch. Graf Kostja war auch als Dieb ein Gentleman.

Aus dem Bericht ging nicht hervor, wie es ihm gelungen war, jahrelang von den Tschekisten und Eisenbahninspektoren nicht ertappt zu werden. Hatte er besonders gute Beziehungen zu ihnen, oder arbeitete er sogar in ihrem Auftrag? Es wurde auch nichts darüber gesagt, wer es ihm ermöglicht hatte, so zu reisen, denn Fahrkarten für die erste Klasse oder Schlafwagenbilletts gab es in Rußland praktisch nur für hohe Beamte und Ausländer. Jedenfalls war es die Lebensgeschichte eines echten Gentlemanverbrechers, denn Mord oder Landesverrat wurden ihm nicht zur Last gelegt.

Das Geständnis des Grafen Kostja enthielt einen besonderen Höhepunkt: Er, der elende Sünder, erkärte, er könne sich selbst nicht trauen; er könne dem großen Stalin nicht versprechen, in Zukunft ein makelloses Leben zu führen, wenn man ihm nicht erlaubt, sich für zwei Jahre einer Expedition ins Eismeer anzuschließen, auf der er keine Gelegenheit hätte, seinem gewohnten Beruf nachzugehen.

Die Behörden sagten ihm sofort die Erfüllung dieses Wunsches zu, doch noch vor seiner Abreise müsse er sich an der Rehabilitation seiner unglücklichen Kollegin beteiligen. So wurde er zum Chef der Organisation ernannt, die für die Diebe neue Arbeitsstellen besorgte. Der Gewerkschaftsbund war mobilisiert worden, um die Behörden bei dieser Aufgabe zu unterstützen. Seine Unterorganisationen in den verschiedenen Teilen des Landes ebneten den Weg für die reuigen Sünder, deren Zahl sich ständig erhöhte. Ihre künftigen Arbeitskollegen wurden angewiesen, ihnen den Weg in ein neues Leben nicht zu erschweren.

Tag für Tag, Woche für Woche berichteten die Zeitungen, wie sich die Diebe im ganzen Land vom fernen Sibirien, Turkestan und Kaukasus bis nach Archangelsk und Murmansk in immer größer werdenen Zahl den Behörden stellten. Es gab unglaublich phantasievolle Schilderungen.

Ein Beispiel für die innere Umkehr unseres Freundes, des Grafen Kostja, war die folgende Begebenheit: Eine

Ausländerin hatte im Warteraum des Kiewer Bahnhofs in Moskau zwei Koffer stehen lassen, während sie an das andere Ende des Gebäudes ging, um sich eine Fahrkarte zu kaufen. Zufällig war auch Graf Kostja in der Nähe, der sich darum bemühte, drei seiner ehemaligen Spießgesellen eine neue Arbeit zu verschaffen. Einer von ihnen, der Anführer einer Moskauer Diebesbande, bemerkte die Koffer. Seine Augen leuchteten, und instinktiv näherte er sich vorsichtig der verführerischen Beute. Graf Kostja erkannte sofort die Absichten des Mannes und packte ihn an der Schulter.

„Halt, Genosse Michailow, wir haben dem Genossen Stalin versprochen, nie wieder zu stehlen. Wage es nicht, diese Koffer anzufassen, und vergiß nicht, daß du nie wieder vom rechten Wege abweichen sollst."

Der Mann erwiderte: „Schon gut, aber wie kann man nur diese Koffer so stehen lassen! Die Versuchung ist einfach zu groß."

Doch Graf Kostja befahl ihm, das Gepäck nicht anzufassen, ging dann zu der Frau am Fahrkartenschalter und schlug die Hacken zusammen.

„Gnädige Frau, Sie dürfen Ihr Gepäck nicht so stehen lassen; es könnte gestohlen werden. Diesmal habe ich dafür gesorgt, daß es nicht geschehen wird, und ich werde ihre Koffer so lange bewachen, bis Sie zurück sind. Aber tun Sie es nicht wieder."

So hatten also die berühmtesten Diebe, Graf Kostja und die schlimmsten Gauner im ganzen Gebiet von Moskau, das Gepäck dieser Ausländerin gerettet. Die Zeitung bezeichnete das als einen symbolischen Akt. Auf diese Weise würde die ganze Sowjetunion von dem Übel des Stehlens befreit werden.

Nach den Zeitungsberichten hatten Zehntausende, ja vielleicht sogar Hunderttausende von Kriminellen eine ehrliche Arbeit gefunden, und nun könnte man damit rechnen, daß wenigstens der größte Teil dieses abstoßenden Überbleibsels aus kapitalistischer Zeit überwunden werden könnte.

Das war eine interessante und aufregende Lektüre, und Kuusinen, meine Frau und ich verfolgten die Entwicklung drei Monate mit großem Interesse, bis die Berichterstattung unvermittelt ihr Ende fand.

Ich fragte einen einflußreichen Gewerkschaftssekretär aus meinem Bekanntenkreis nach den Gründen: „Warum schreiben die Zeitungen nichts mehr über die Diebe? Gibt es keine Diebe mehr?"

Er machte ein angeekeltes Gesicht. „Wenn doch die Leute aufhören würden, solche Fragen zu stellen! Wenn wir die ganze Angelegenheit doch nur begraben könnten!"

„Wieso?"

„Nun, wir in der Gewerkschaft, die sowjetischen Behörden, die Tscheka und auch Genosse Stalin selbst waren überzeugt, das Übel des Stehlens ließe sich auf diese Weise ausrotten. Wir haben Tausenden und Zehntausenden dieser Gauner Arbeit gegeben, aber von Anfang an häuften sich die Meldungen, nach denen die Diebstähle in unvorstellbarer Weise zugenommen hatten. Sie stahlen die Arbeitskleidung ihrer Kollegen und alles, was ihnen in die Finger kam – zunächst am Arbeitsplatz, und dann mehrten sich die Einbrüche und Diebststähle in der Nachbarschaft. Es entstand eine furchtbare Aufregung. In den Werkstätten wurden alle Werkzeuge gestohlen und verkauft, bis die anständigen Arbeiter Alarm schlugen und sich weigerten, noch einen Finger zu rühren, bevor die Diebe wieder entlassen waren."

„Es nützte nichts, wir mußten die Leute auf der einen Seite entlassen, während auf der anderen Seite ständig neue hinzukamen. Die meisten von ihnen sind jetzt im Gefängnis und in Konzentrationslagern. Das einzig Positive an diesem Experiment ist, daß es uns gelungen ist, eine beträchtliche Zahl dieser Kriminellen dingfest zu machen."

Das also war das Ende dieser Episode, und meine Frau

und ich hatten die ganze Angelegenheit schon vergessen, bis wir 1941, als die Finnen Viipuri zurückerobert hatten, in der Zeitung einen Artikel über Kriegsgefangene lasen, einen sowjetischen Beamten, der in Viipuri einen einflußreichen Posten bekleidet hatte. Dieser Gefangene berichtete, wie Viipuri nach der Einnahme durch die Russen während des Winterkrieges im Herbst 1940 und Anfang 1941 evakuiert worden war und man alles, was nur irgendeinen Wert besaß, in die Sowjetunion geschafft hatte.

Er erwähnte, daß die Evakuierung von dem „Grafen Kostja" organisiert und geleitet worden sei, der in den 1930er Jahren berühmt geworden war, als er die Eingliederung sowjetischer Diebe in den Arbeitsprozeß leitete. Aus dem Zeitungsartikel konnte man entnehmen, daß die stalinistischen Beamten die besonderen Fähigkeiten dieses alten Berufsverbrechers bei der Evakuierung von Viipuri zu nutzen wußten. Wie weit er sich dabei auch selbst bereichert hat, können wir natürlich nicht wissen. Vielleicht war aus ihm ein ehrlicher Mensch geworden, und er hat alles, was er bei der Räumung von Viipuri erbeutete, dem Staat zukommen lassen. Wer weiß, vielleicht war Graf Kostja der einzige, der sich bekehrt und der einen Sinneswandel durchgemacht hat.

Die Kommunistische Internationale von innen betrachtet

Bevor die Komintern 1919 gegründet wurde, vor allem auf die Initiative Lenins hin, gab es zwei internationale Organisationen der Arbeiterbewegung; die von Marx und Engels geschaffene Erste Internationale und nach ihrer Auflösung die Zweite Internationale, die im Ersten Weltkrieg kläglich scheiterte. Außerdem gab es noch eine internationale Organisation der Gewerkschaftler, die sogenannte Amsterdamer Internationale.

Als die Dritte Internationale in Moskau gegründet wurde, erhielt sie die Bezeichnung KOM(munistische)INTERN(ationale), und dabei war beabsichtigt, nicht jede beliebige Arbeiterpartei darin aufzunehmen. Nach den Vorstellungen von Lenin sollte die Komintern die Vorhut einer internationalen Organisation der revolutionären Arbeiter sein – mit anderen Worten sollten nur die Parteien und Arbeiter aufgenommen werden, welche die bewaffnete Revolution und die Diktatur des Proletariats als den einzig richtigen Weg ansahen.

Ich habe schon berichtet, wie wir Finnen sowie einige andere Delegationen beim Dritten Kongreß der Komintern daran gezweifelt haben, ob diese Internationale in der Lage sein würde, die Gemeinsamkeit aller kommunistischen Parteien zu garantieren, weil sie in Moskau beheimatet war und hier die Gastfreundschaft des russischen Staates genoß. Unter diesen Umständen fürchteten wir, es werde unvermeidlich sein, daß sie für die Zwecke der russischen Außenpolitik benutzt und früher oder später zu einem besonderen Organ des russischen Außenministeriums werden würde. Und genau das ist dann auch geschehen.

Wenn sich die Partei irgendeines Landes auch nur der geringsten Abweichung schuldig machte, dann wurde sie scharf gerügt und schließlich ausgeschlossen.

In den 30er Jahren, als die Komintern über die meisten Mitglieder verfügte, gehörten zu ihr die kommunistischen Parteien fast aller Länder der Welt, sogar die der asiatischen und afrikanischen, von Europa gar nicht zu reden. Einige dieser kommunistischen Parteien, zum Beispiel die in den skandinavischen Ländern, in Frankreich, Holland und Belgien, gehörten zu den in den Parlamenten zugelassenen politischen Gruppierungen und verfolgten ihre Ziele ganz offen, aber viele arbeiteten nur illegal im Untergrund. Die Führer fast all dieser illegalen Parteien, besonders die der größten wie etwa der polnischen, finnischen, jugoslawischen, bulgarischen, rumänischen und ungarischen, lebten in Moskau und arbeiteten eng mit der Komintern zusammen, die sie auch finanziell unterstützte. Aber auch die Parteien, die in ihren eigenen Ländern zugelassen waren, hatten einen Vertreter oder eine Delegation bei der Komintern, ganz ähnlich wie die katholischen Kirchen eines jeden Landes beim Vatikan akkreditiert sind.

Die Komintern bestand also aus den kommunistischen Parteien, und ihr Kongreß war das höchste Entscheidungsorgan. Aus seinen Reihen wurde das Exekutivkomitee gewählt, dem dreißig bis sechsundvierzig Mitglieder angehörten, und dieses Komitee wählte das Präsidium mit fünfzehn bis zwanzig Mitgliedern und zehn bis zwölf Stellvertretern. Der Kongreß trat in unregelmäßigen Zeitabständen zusammen, bis 1935 nur siebenmal, aber in der Zwischenzeit wurden kleinere Kongresse abgehalten, und zwar im Rahmen des sogenannten Plenums der Komintern. Das waren erweiterte Sitzungen des Exekutivkomitees.

Die Führung der Komintern lag in den Händen des Präsidiums, und viele seiner Mitglieder lebten und arbeiteten in Moskau zugleich im Sekretariat der Komintern. Nach dem Kongreß von 1935 gab es im ganzen zehn Sekretäre, sieben ständige und drei stellvertretende. Jedem Sekretär unterstand ein eigener umfangreicher Apparat, der seine Aufgaben während des ganzen Jahres zu erfüllen hatte und den Sekretären Tag und Nacht zur Verfügung stand.

Im Sekretariat wurden alle nur denkbaren politischen und wirtschaftlichen Fragen behandelt. Die Weltkarte war so aufgeteilt, daß jeder Sekretär für mehrere Länder verantwortlich war. Einige dieser Gebiete waren sehr groß, andere kleiner. Das hing davon ab, für wie wichtig man sie in jedem Einzelfall hielt. Kuusinen war zum Beispiel für ganz Asien zuständig. Am Anfang war er für Westeuropa und dann für Amerika verantwortlich gewesen. Jetzt gehörten China, Japan und Indien, also ganz Asien zu seinem Zuständigkeitsbereich. Die Parteien waren verpflichtet, die Sekretäre über die Entwicklungen in ihren Ländern und die Aktivitäten ihrer Parteien auf dem laufenden zu halten. Oft forderten die Sekretäre auf eigene Initiative Berichte und Erklärungen an.

So stand also der Apparat der Komintern im Mittelpunkt des Weltgeschehens, und seine Zentrale befand sich in einem imposanten Gebäude neben der Kremlmauer am Ende der Kominternstraße. Außerdem standen der Organisation zahlreiche andere Gebäude in der unmittelbaren Umgebung der Stadt zur Verfügung, in denen die Unterabteilungen des Sekretariats untergebracht waren. Von hier aus versuchte man, die weltpolitischen Entwicklungen zu beeinflussen, besonders soweit sie die Arbeiterbewegung betrafen.

Die Komintern war damit der Generalstab oder das Hauptquartier der Weltrevolution; sie hat, solange sie existierte, erstaunliche Dinge bewirkt und ihr Einfluß reicht, was noch erstaunlicher ist, weit über die Zeit ihrer offiziellen Auflösung hinaus. Ich habe zum Beispiel oft feststellen können, daß die Landminen, die wir in den 1920er und 1930er Jahren in Asien und Afrika gelegt hatten, erst nach dem Zweiten Weltkrieg mit verheerender Wirkung detoniert sind – und das alles war zum großen Teil das Ergebnis der früheren Arbeit der Komintern.

Außerdem unterhielt die Komintern Militärakademien, wo Militärexperten für die verschiedensten Länder ausgebildet wurden, sowie rein technische Schulen, an denen nur die revolutionären Techniken gelehrt wurden wie Straßenkampf, Sabotage und alles, was in dieses Gebiet gehört. In der Nähe von Moskau gab es auch eine besondere Radioschule, wo die vertrauenswürdigsten jungen Parteimitglieder aus vielen Ländern in der Rundfunktechnik unterrichtet wurden.

Als Mitglied des Präsidiums der Komintern hatte ich die Gelegenheit, die Aktivitäten an dieser Schule einige Tage zu beobachten. Die Existenz der Schule wurde so geheimgehalten, daß nicht einmal alle Präsidiumsmitglieder etwas davon wußten. In der finnischen Parteiführung war nur Kuusinen darüber unterrichtet, und er erwirkte bei Manuilski und Dimitrow für mich die Erlaubnis, eine gewisse Zeit an dieser Schule zuzubringen, um einen Konflikt beizulegen, der zwischen einigen Finnen und Angehörigen anderer Nationalitäten entstanden war, die auf Anordnung ihrer Parteien die dort veranstalteten Lehrgänge besuchten.

Es war ein großer von einem hohen Stacheldrahtzaun umgebener Gebäudekomplex, der über die damals modernsten Geräte für Kurzwellen-, Mittelwellen- und Langwellensendungen verfügte. Der Schwerpunkt lag jedoch bei den Kurzwellensendungen. An dieser Schule wurden vorzugsweise Personen mit einer technischen Ausbildung oder zumindest gewissen technischen Grundkenntnissen kommandiert. Sie wurden dort gründlich in die Rundfunktechnik eingewiesen, daß sie – und zu ihnen gehörten auch einige Frauen – aus verhältnismäßig einfachem Material und unter primitiven Verhältnissen einen Rundfunksender und -empfänger bauen konnten. Und natürlich wurden sie alle auch im Verschlüsseln von Nachrichten unterrichtet.

Die Funker in einer bestimmten Abteilung standen ständig in Verbindung mit allen Kontinenten und den illegalen Funkstationen der verschiedenen Parteien. Für die Aufrechterhaltung solcher Kontakte brauchte man eine große Zahl von Fachleuten, aber die Gesamtzahl der Lehrgangsteilnehmer an dieser Schule war größer. Sie hatten die strenge Anweisung, nach dem Verlassen der Schule niemandem etwas von ihrer Existenz zu sagen und ihr Schweigen unter keinen Umständen zu brechen. Die Schule war damit das Nervenzentrum der Komintern, das ihre oberste Führung, die für die Planung aller Aktivitäten verantwortlich war, von allem unterrichtete, was auf der Welt geschah. So war es nur verständlich, daß die Existenz der Schule geheimgehalten wurde und kaum etwas darüber bekanntgeworden ist.

Ein so umfangreiches Netz von Ausbildungsstätten verursacht natürlich hohe Kosten. Für die Radioschule allein und ihre Sende- und Empfangseinrichtungen mußten phantastische Summen aufgewendet werden.

Es ist schwer zu sagen, wieviel tausend für die Weltrevolution arbeitende Agitatoren, professionelle revolutionäre Kaderarbeiter, alljährlich diese und ähnliche Schulen absolvierten. Die Zahlen mögen mit den Jahren geschwankt haben, es müssen aber mehrere tausend gewesen sein, denn die Leninschule allein bildete in ihren gewöhnlich zwei Jahre dauernden Lehrgängen etwa fünfhundert Personen im Jahr aus.

Zweifellos ist es vor allem der Komintern zu verdanken, daß heute ein so großer Teil der Welt vom Kommunismus beherrscht wird. Als außenpolitisches Büro der Sowjetunion hat die Komintern, die später in Kominform umbenannt wurde, den Einfluß der Sowjetunion wesentlich ausgeweitet, besonders in Asien, aber auch auf allen anderen Kontinenten. Die Ausbildung der Kader, die ich kurz beschrieben habe, hat für die darin investierten Summen hohe Zinsen gebracht. Außerdem mußten die kommunistischen Parteien in allen Ländern von der Komintern subventioniert werden. Ich kenne keine einzige, die ihre Aktiviäten selbst hätte finanzieren können, gar nicht zu reden von kleinen Parteien wie der Finnischen Kommunistischen Partei, die während ihres ganzen Bestehens ausschließlich mit den Beträgen finanziert worden ist, die ihr die Komintern zur Verfügung stellte. Auch die Schwedische Kommunistische Partei hat sich zu keiner Zeit selbst finanzieren können. Im Gegenteil, sie hat für die Komintern wegen der hohen Summen, die sie verbrauchte, eine besondere Belastung dargestellt. Obwohl sie als legale Partei zugelassen war, hat sie nie mehr als nur einen Bruchteil ihrer Ausgaben selbst bestreiten können. Große kommunistische Parteien wie diejenigen in Deutschland, Frankreich und Italien haben natürlich noch größere Summen verschlungen. Trotzdem hat man bei diesen Ausgaben niemals gespart und ist nie kleinlich gewesen. Man betrachtete diese Parteien als gewinnbringende fünfte Kolonnen und glaubte, die phantastischen Summen, die ihnen zur Verfügung gestellt wurden, seien im Hinblick auf die letzte Entscheidung in diesem politischen Ringen oder auch nur auf die Fortführung dieses Ringens gut angelegt.

Ich habe oben im einzelnen über den Verlauf des Dritten Kongresses von 1921 berichtet. Im Gegensatz dazu sollen hier einige Momentaufnahmen aus dem Siebenten Kongreß des Jahres 1935 folgen. An diesem Kongreß haben sich die meisten Parteien beteiligt, und eine historische Bedeutung lag darin, daß er der letzte gewesen ist. Die Komintern hat zwar offiziell bis 1943 bestanden, aber nach 1935 wurde kein Kongreß mehr abgehalten.

Der große Unterschied zu 1921 – und das wirkte geradezu deprimierend – lag in der Tatsache, daß 1935 alle Beschlüsse einstimmig gefaßt wurden. Es gab keine Meinungsverschiedenheiten und nicht den geringsten Versuch eines Widerspruchs. Es war die Verwirklichung des Bildes: eine Herde und ein Hirte; alle blöken mit einer Stimme.

Der Kongreß 1921 unter dem Vorsitz von Lenin war eine lebendige Veranstaltung mit Debatten, Argumenten und zündenden Reden für und wider. Die Delegierten machten die verschiedensten Vorschläge, und es wurde darüber abgestimmt. Die Teilnehmer versammelten sich in kleinen Gruppen, um miteinander zu reden und zu diskutieren. Kurz gesagt, damals gab es im kommunistischen System noch die Freiheit der Rede, und man wagte, diese Freiheit zu nutzen. Jetzt kam so etwas nicht mehr in Frage. Es gab keine Gruppen mehr. Man vermied vielmehr bewußt, in kleineren Gruppen zusammenzukommen und miteinander zu reden, weil man fürchten mußte, daß irgend jemand solche Gruppen im Auge behielt und sie verdächtigte, sie könnten Zwietracht säen. Am besten war es, sofort seinen Platz in den Sitzreihen aufzusuchen, die für die Delegationen der einzelnen Länder bestimmt worden waren.

1921 wurden die meisten Reden unvorbereitet gehalten. Viele Redner meldeten sich spontan zu Wort und folgten mit dem, was sie sagten, der Eingebung des Augenblicks. Jetzt verlas jeder einzelne mit monotoner Stimme das, was er zu sagen hatte, und das war immer die gleiche Lobeshymne auf Stalin und dessen staatsmännische Weisheit. Dimitrow stellte dabei einen Rekord auf. Seine Rede dauerte mehrere Stunden. Er erfreute sich des uneingeschränkten Vertrauens Stalins, und Stalin ließ ihn täglich in immer höhere Positionen aufrücken mit dem Ergebnis, daß die anderen Kominternsekretäre und sogar Männer wie Manuilski Kuusinen und Togliatti schließlich in seinem Schatten standen.

Auch die anderen führenden Funktionäre unternahmen heroische Anstrengungen. Jeder Redner bemühte sich darum, in seiner Ansprache so oft wie möglich den Namen Stalins zu nennen – der große Stalin, der weise Stalin –, denn es war selbstverständlich, daß jede Erwähnung Stalins lauten Beifall auslösen würde. Andernfalls hätten die Redner mit Sicherheit keinen Applaus ernten können: nur die Erwähnung des Namens von Stalin in irgendeinem Zusammenhang und in jeder Sprache veranlaßte die Zuhörer, Beifall zu klatschen. Deshalb wurden viele Reden ständig durch den Applaus der Versammlung unterbrochen, manchmal zwei- oder dreimal innerhalb von fünf Minuten, und oft erhoben sich die Delegierten in ihrer Begeisterung von den Plätzen, um für den großen Stalin die Handflächen zusammenzuschlagen, auf den am Ende einer jeden Rede ein krönendes Hurra ausgebracht wurde.

Wenn die Reden gehalten waren, wurden revolutionäre Lieder gesungen. Besonders beliebt waren damals das italienische Lied „Bandiera Rossa", das deutsche Lied „Roter Wedding" und die französische „Carmagnole", die häufig wiederholt wurden.

Unmittelbar nach dem Kongreß hielt das neugewählte Exekutivkomitee, an dessen Spitze natürlich Stalin stand, seine erste Sitzung ab. Dann ernannte das Exekutivkomitee ein Präsidium, in das ich als stellvertretendes Mitglied gewählt wurde. Ich übernahm jedoch von Anfang an die Aufgabe eines ständigen Mitglieds, denn einige reguläre Mitglieder lebten nicht in Moskau, und ich mußte sie vertreten. So nahm ich in dieser kommunistischen Hierarchie eine wichtige Stellung ein, da ein Mitglied des Präsidiums der Komintern in fast jeder Hinsicht den gleichen Rang einnahm wie ein Mitglied des Politbüros der Russischen Kommunistischen Partei und etwa die gleichen Privilegien genoß.

Einige Jahre später kam jener Siebente Kongreß uns Finnen und auch vielen andern wie eine Episode aus einem spannenden Kriminalroman vor, als 1937 das Gerichtsverfahren gegen Jagoda eröffnet wurde. Bei der Gerichtsverhandlung wurde behauptet, daß ein junger Mann namens Olberg, der, wie ich mich erinnere, der deutschen Delegation angehörte, auf diesem Kongreß dafür bezahlt worden sei, Stalin zu erschießen. Stalin hatte an der Eröffnung des Kongresses, einigen Vollsitzungen und den Abschlußveranstaltungen teilgenommen. Olberg legte ein Geständnis ab und schilderte, wie er während des ganzen Kongresses nervös mit der Pistole in seiner Tasche gespielt und auf eine günstige Gelegenheit gewartet habe, sie gegen Stalin zu richten und ihn zu töten.

Zufällig saß damals die deutsche Delegation unmittelbar vor uns, und Olberg hatte, wie wir nun feststellen konnten auf dem Platz direkt vor mir gesessen. Ich bin gewiß, wenn er nur die geringste Nervosität gezeigt und etwa in seiner Tasche herumgekramt hätte, dann hätten wir es bemerkt. Außerdem waren unsere Plätze so weit von Stalin entfernt, daß auch der beste Schütze nicht hätte sicher sein können, ihn zu treffen.

Die ganze Olberg-Affäre scheint ein Teil eines abgekarterten Spiels gewesen zu sein: und wenn man fragt, weshalb Olberg und alle anderen Beschuldigten ihre Geständnisse abgelegt haben, dann hat Parteisekretär Chruschtschow in seiner Rede auf dem Parteikongreß von 1956 eine überzeugende Erklärung dafür abgegeben. Dort sagte er, daß die Geständnisse mit der von Stalin empfohlenen Methode erzwungen worden seien: „Schlagt ihn, schlagt ihn, schlagt ihn, bis er gesteht! Und wenn ihr kein Geständnis bekommt, dann werdet ihr selbst den Kopf verlieren.“

Ich habe schon von der langen Rede Dimitrows gesprochen. In dieser Rede verurteilte er scharf jede Gruppe von Bürgern, jeden Staat und jede Regierung, die die Nationalsozialisten in Deutschland oder die Faschisten in Italien irgendwie unterstützten. Dimitrow erklärte alle solche Parteien, Gruppierungen oder Staaten zu Feinden des Friedens und verlangte, wer sich auf die Seite des Nationalsozialismus und des Faschismus stelle, müsse entsprechend bloßgestellt und vernichtet werden. Das war das Thema seiner langen Rede.

Als es nun 1939 zum Kriege kam, wer war der Mann, der sich als erster beeilte, den Nationalsozialismus zu unterstützen? Natürlich war es Stalin, der mit der Unterzeichnung eines Pakts mit Hitler diesen in die Lage versetzte, den Zweiten Weltkrieg zu beginnen. Und der gleiche Dimitrow, der in seiner langen Rede alle Parteien, Staatsmänner und Staaten verurteilt hatte, welche die Nazis unterstützten, mußte als Generalsekretär der Komintern dem Angriff Hitlers auf Polen seinen Segen geben und dann die Telegramme Molotows an Hitler gutheißen, nachdem Hitler Dänemark, Norwegen, Holland und Belgien besetzt und Frankreich mit seiner starken Armee angegriffen hatte. Damals beglückwünschte Molotow Hitler im Namen der Sowjetregierung nach jedem dieser Siege, und die Führung der Komintern verkündete jedesmal, Hitler kämpfe für den Fortschritt, denn die Reaktionäre auf dieser Welt seien die Feinde Hitlers, besonders England und Frankreich und natürlich Amerika.

Als Hitler mit der Zustimmung Stalins am 1. September 1939 Polen angriff, verurteilte die Komintern durch ihre Sprecher Dimitrow und Manuilski jeden Polen, der sich diesem Angriff einer imperialistischen Großmacht widersetzte. Aber das genügte noch nicht. Als Atalins eigene Armee siebzehn Tage später Polen angriff und dem bereits blutenden Land einen Dolchstoß in den Rücken versetzte, wurden alle Arbeiter, die für die nationale Unabhängigkeit kämpften, ebenfalls als Verräter bezeichnet. Mit anderen Worten, wer die Unabhängigkeit und Freiheit Polens gegen Hitler verteidigte, war ein Verräter, und natürlich waren jene, die versuchten, es gegen den Angriff der Sowjetunion zu verteidigen, Verräter im doppelten Sinn.

Stalin aus der Nähe

Ich kann mich nicht mehr genau erinnern, wann ich Stalin zum ersten Mal persönlich gegenübergetreten bin. 1921 stand er so sehr im Schatten der anderen Berühmtheiten, daß ich es vollkommen vergessen habe, ob ich damals irgendwie zufällig mit ihm zusammengetroffen bin. Als ich im Sommer 1927 nach Rußland kam, war er bereits an die Spitze der sowjetischen Hierarchie aufgestiegen, errang aber seinen endgültigen Sieg über Trotzki erst im Herbst des gleichen Jahres. Als Generalsekretär der Kommunistischen Partei war er ein mächtiger Mann.

1933 hatte er praktisch schon alle seine Konkurrenten ausgeschaltet. Ihre endgültige Liquidierung war nur noch ein technisches Problem. Nachdem ich meine Lehrgänge an der Leninschule absolviert hatte und mit meinen Sprachstudien weit genug vorangekommen war, um mir in Rußland selbst weiterzuhelfen, glaubte Kuusinen, ich sei für die Arbeit im „inneren Kreis" genügend vorbereitet, und von nun an traf ich häufig mit Stalin zusammen. Er gehörte zum Präsidium der Komintern, nahm aber nur selten an den Sitzungen teil. Aber er beteiligte sich oft an Sonderkonferenzen und erschien stets zu allen Veranstaltungen zur Feier der Revolution sowie zu den Beisetzungen hoher Parteifunktionäre, bei denen die Mitglieder des Politbüros und des Präsidiums die Ehrenwache stellten.

Er war „Genosse Stalin", und ich war „Genosse Tuominen“, bis die Zeit reif geworden war, auf die Verwendung von Titeln zu verzichten. Allerdings wäre es richtiger, von einem Zwischenstadium zu sprechen, denn in Rußland redet man sich im vertraulichen Gespräch anders als im übrigen Europa mit Vornamen und Vatersnamen an. Das heißt, der Vatersname tritt an die Stelle des Familiennamens. Dabei benutzt man noch das „Sie“ anstelle des vertraulichen „Du“, aber man ist sich bereits auf halbem Wege entgegengekommen. Dieses Zwischenstadium erleichtert den vertraulichen Umgang Gleichgesteller, bildet aber zugleich auch eine Brücke zwischen Personen verschiedener Klassen.

Bei den Revolutionsfeiern im Moskauer Bolschoitheater saßen die Mitglieder des Politbüros und des Präsidiums der Komintern stets auf einem Podest auf der Bühne mit dem Gesicht zum Publikum. In den Pausen servierte man dieser aus zwanzig bis fünfundzwanzig Mitgliedern bestehenden Gruppe in den Foyers Erfrischungen. Dort konnten wir uns entspannen und mußten nicht mehr so feierliche Gesichter machen wie vor dem Publikum auf der Bühne, und es war während einer solchen Pause – wenn ich mich richtig erinnere am 6. November 1935 –, daß ich zum ersten Mal ein Gespräch mit Stalin geführt habe. Ich erwähnte zufällig, daß ich aus Tampere stammte, und das schien Stalin zu interessieren. Er hatte viele Gründe für dieses Interesse. Der wichtigste war, daß Tampere ein bedeutsamer Faktor bei der Entstehung der Legende über seine Vergangenheit war. Dort waren Lenin und Stalin auf der Konferenz der Bolschewiken von 1905 zum ersten Mal zusammengetroffen – ein historisches Ereignis, das auch in der kürzesten Zusammenfassung der Geschichte der Kommunistischen Partei der Sowjetunion nicht ausgelassen wird. Zunächst wurde dieser Umstand nur erwähnt, und schon die bloße Erwähnung dieser Tatsache verlieh Stalin einen kleinen Heiligenschein. Aber dann schmückte der Hofhistoriker Stalins, Jaroslawski, die Geschichte Jahr um Jahr an den entsprechenden Gedenktagen so weit aus, daß Lenin bei diesem Zusammentreffen schließlich nur noch die zweite Geige spielte.

Stalin versuchte sich noch an den finnischen Satz zu erinnern, den er vor dreißig Jahren mit großer Mühe gelernt hatte, aber seine Zunge ließ sich nicht mehr zwingen, die fremdartigen Worte auszusprechen. Es war komisch zu sehen, wie er lachend versuchte, den finnischen Satz über die Lippen zu bringen – besonders weil es komisch ist, einen so mächtigen Mann lachen zu sehen. Kuusinen kam an unseren Tisch und machte ein paar anzügliche Witze in der Hoffnung, sich an dem allgemeinen Gelächter beteiligen zu dürfen, was ihm gnädig erlaubt wurde.

Die Erinnerungen an Tampere ließen wahrscheinlich auch mich in einem günstigen Licht erscheinen, denn Stalin fragte: „Wie heißt ihr Vater mit Vornamen, Genosse Tuominen?"

„Oskari."

„Das heißt, Sie sind Arvo Oskarowitsch. Ich bin Josif Wissarionowitsch."

Nachdem wir uns auf diese Weise persönlich nähergekommen waren, vergaß er nie danach zu fragen, ob es irgendwelche Neuigkeiten aus Tampere gebe.

Während der Jahre, die ich in Moskau zubrachte, habe ich nie aufgehört, mich darüber zu wundern, welcher Gegensatz zwischen dem Mann und dem ins Kolossale überzeichneten Porträt bestand, das man von ihm gemacht hatte. Dieser mittelgroße, leicht pockennarbige Kaukasier mit dem Schnurrbart war alles andere als der typische Diktator. Er verzichtete ganz auf die weitausholenden Gesten Hitlers und Mussolinis, auch wenn er in seinen Reden noch so leidenschaftliche Worte verwendete. War er also wirklich der schlichte, einfache Mann des Volkes?

Wenn wir das bejahen und „Schlichtheit" als Ehrlichkeit und Bescheidenheit definieren, wie läßt sich dann die Propaganda erklären, die ihn als „Vater der Völker" und „Ingenieur der Seelen“ bezeichnete, in dessen Namen die heiligsten Eide geschworen wurden, ohne den das Leben der russischen Bevölkerung nicht lebenswert gewesen wäre, der alles wußte und alles erreichen konnte und der als Denker und Theoretiker auf allen Gebieten ebenso vollkommen war wie als Mann der Praxis. Stalin lehrte sogar die Tänzer das Tanzen – eine führende Ballerina behauptete in einem Interview in allem Ernst, sie habe ihr Können nur Stalin zu verdanken –, er brachte den Skispringern das Springen, den Schlittschuhläufern das Eislaufen, den Metallarbeitern ihr Handwerk und den Schriftstellern das Schreiben bei.

Es wäre den Propagandisten Hitlers und Mussolinis niemals in den Sinn gekommen, so dick aufzutragen. Man könnte auch sagen, daß die jahrhundertelange Heiligenverehrung dem russischen Volk im Blut liegt, denn die von den Bolschewiken betriebene „Aufklärung“ kann nicht sehr tief in das Bewußtsein der Menschen eingedrungen sein.

In seinen Reden und Schriften trat Stalin selbst stets in den Hintergrund und sprach nur vom Kommunismus, der Sowjetmacht und der Partei und wies ausdrücklich darauf hin, daß er nur ein Vertreter der Idee und der Organisation sei, nichts mehr. Doch zugleich verkündete die Propaganda seine übermenschlichen Fähigkeiten.

In seiner berühmten Rede berichtete Chruschtschow 1956, wie der Stalinmythos entstanden war. Stalin beauftragte ein Komitee, seine Biographie zu schreiben. Das Komitee tat sein Bestes und lobte Stalin mit allen möglichen Superlativen. Doch das befriedigte Stalin nicht, und er fügte seiner Biographie unter anderem die folgende Aussage hinzu: „Obwohl Stalin seine Aufgabe als Führer des Volkes und der Partei mit vollendeter Sachkenntnis erfüllte und sich der uneingeschränkten Unterstützung des sowjetischen Volkes erfreute, hat er es nie zugelassen, daß seine Arbeit durch die geringste Eitelkeit, durch Hochmut oder Selbstlob behindert wurde.“

Eines Tages werden wir vielleicht aus Memoiren und Dokumenten erfahren, was Stalin selbst in seinem tiefsten Innern über diese Vergöttlichungskampagne gedacht hat. Man hat zwar behauptet, er habe geglaubt, auf den verschiedensten Gebieten wie in der Naturwissenschaft, der Sprachwissenschaft und der Kunst mehr zu verstehen als die Fachleute. Aber hat er nicht doch im stillen gelächelt, wenn er die Lobeshymnen seiner Propagandachefs las?

Lenin hat, wie man weiß, besonderes Vergnügen an intellektuellen Duellen gehabt und ist augenscheinlich immer in Höchstform gewesen, wenn er allein mit den größten Schwierigkeiten fertig werden mußte. Das geschah immer in aller Öffentlichkeit, auf Parteiveranstaltungen oder in den Zeitungen. Stalin hat niemals versucht, sich in Diskussionen einzulassen, und er hätte sich dabei auch nicht mit den geistigen Vätern des Kommunismus der alten Garde messen können. In seinen großen Reden und Aufsätzen hat er zwar Streitfragen behandelt, aber niemand durfte nach ihm das Wort ergreifen. Trotzdem war der vorherrschende Eindruck falsch, er sei in den Anfangsphasen wichtiger Beratungen stets ein Autokrat gewesen, ein Tyrann, der seine Entscheidungen von oben her diktierte, die dann von den Parteiorganisationen und der Regierung vollzogen werden mußten. Im Gegenteil, in bestimmten Fragen war er recht demokratisch und kooperativ.

Kuusinen war sein Berater für ideologische und internationale Fragen und mußte dabei oft besondere Aufgaben übernehmen. Ich erinnere mich noch genau daran, mit welchem Gesicht der arme Kuusinen manches Mal nach einer Besprechung mit Stalin im Kreml nach Hause zurückkam, und ich dankte meinem Schicksal, daß ich nicht in seiner Haut steckte. Häufig hatte er nicht die leiseste Ahnung davon, was in Stalins Kopf vorging, obwohl er ein gutes Gespür für die jeweilige Stimmung hatte. Er konnte nur schwitzen und sich verzweifelt darum bemühen, den richtigen Weg zu finden. Wenn er schließlich glaubte, auf der rechten Spur zu sein, wurde in den meisten Fällen sein erster und oft auch sein zweiter Entwurf ganz oder teilweise abgelehnt. Doch während diese Entwürfe durchgesprochen wurden, spürte Kuusinen meist, wohin die Dinge liefen – vielleicht ist sich der Dikator aber auch selbst erst in dieser Phase darüber klar geworden, was er wollte. Ich glaube, im allgemeinen hat Kuusinen seine Aufträge zur Zufriedenheit Stalins erfüllt.

Zu allen Zeiten haben kluge Volksführrer – Kaiser, Könige und Diktatoren – den Propagandawert von Anekdoten über sich selbst gekannt und sie in Umlauf gebracht. Die folgende Geschichte über Stalin gehört zu den besten, weil es an sich eine gute Geschichte ist, aber die dahinterstehende Absicht geschickt verschleiert wird.

Eines Tages erschien Stalin auf einer Sitzung des Politbüros, wandte sich an den Kommissar für Erziehung, Bubnow, und fragte: „Haben Sie eine Ahnung davon, was an sowjetischen Schulen gelehrt wird? Ich habe nicht viel Zeit, mich um den Schulunterricht meiner Kinder zu kümmern, aber eines Tages kam mein Sohn Wasili, der die dritte Klasse der Grundschule besucht, zu mir und sagte stolz, ‚Vater, ich habe die Theorie von Marx über den Wert der Arbeit und seinen Lehrsatz über den Mehrwert gelernt'. Wie interessant, dachte ich und fragte, ‚nun, was weißt du über Marx?' Und nun schnurrte der Junge tatsächlich mehrere Seiten über die Theorie vom Wert und Mehrwert auswendig ab. Ich fragte ihn, wo er das gelernt habe, und er sagte, aus einem Schulbuch. Die Klasse habe das auswendig lernen müssen."

„Ich war entsetzt", fuhr Stalin fort, „und sagte dem Jungen, er solle mir das Buch bringen. Und richtig, da stand es und noch vieles andere. Überlegen Sie sich das, Genossen, und besonders Sie, Bubnow! Kinder in der zweiten und dritten Grundschulklasse müssen die Theorie vom Mehrwert wie Papageien auswendig lernen, ohne ein Wort davon zu verstehen. Sogar in unserer Parteiführung gibt es einige Genossen, die trotz ihrer großen Gelehrsamkeit Marx nicht begriffen haben. Einer von ihnen, Bucharin, soll sogar der beste Theoretiker der Partei sein."

Stalin liebte solche Seitenhiebe.

„Ich glaubte, es wäre gut, wenn ich mir auch die anderen Schulbücher von Wasili und Swetlana ansehen würde, und ich war wirklich entsetzt. Die Lehrbücher über die Geschichte der Partei und die russische Geschichte taugen zum Beispiel alle nichts. Ich fragte Swetlana nach Katharina der Großen. Sie antwortete, Katharina sei ein ‚Produkt der Gesellschaft'. Wunderbar! Die Geschichtsbücher müssen umgeschrieben werden."

Man erzählte sich diese Geschichte in Rußland mit zahlreichen Variationen. Dafür sorgte schon die Propaganda. Es wurde ausdrücklich darauf hingewiesen, daß nicht Stalin für solche Fehler verantwortlich sei (wie auch in der Zarenzeit nicht der Zar, sondern seine korrupten Berater für alle Fehler verantwortlich gewesen waren). Auf diese Weise wurden auch viele Kritiker des Diktators dazu gebracht, sich ein günstigeres Bild von ihm zu machen.

Stalin stand um diese Zeit bereits auf dem Gipfel seiner Macht, doch das zeigte sich noch nicht in den Schulbüchern und in den Lehrmethoden. Deshalb mußten die bisher benutzten Bücher, besonders die Lehrbücher über die Geschichte Rußlands und der Kommunistischen Partei, verbrannt und neu geschrieben werden. Der Diktator benutze den kleinen Wasili und seine Tochter Swetlana nur als Werkzeug für die Verwirklichugn dieses Ziels.

Das Ergebnis dieses scheinbar harmlosen Gesprächs im Politbüro war die Anweisung, daß ein großer Teil der Schulbücher zu verbrennen sei. Monate vergingen, bevor sie durch das neue im stalinistischen Geist und nach Stalins Anordnungen verfaßte Lehrmaterial ersetzt wurden. Die Geschichte der Kommunistischen Partei mußte dreimal umgeschrieben werden. Erst die dritte Version fiel zu Stalins Zufriedenheit aus, denn er selbst hatte sie diktiert.

Als ich in die Sowjetunion kam, war es dort immer noch

verboten, das Weihnachtsfest zu feiern. Aber alte Bräuche lassen sich nicht auf Befehl und mit Verordnungen ausrotten, und die Bauern auf dem Lande feierten auch weiterhin Weihnachten und Ostern, allerdings so versteckt wie möglich.

Vor langer Zeit, als die christliche Kirche die Menschen nicht dazu bewegen konnte, ihre heidnischen Rituale aufzugeben, gaben sie diesen Zeremonien eine christliche Bedeutung und retteten auf diese Weise die Situation. Vielleicht hat die sowjetische Regierung ähnliche Vorstellungen gehabt oder vielleicht spürte sie, daß die Menschen dieses eintönige Leben, das ständige Antreiben zu noch größeren Arbeitsleistungen und den Stachanowismus satt hatten – oder vielleicht haben beide Faktoren zusammen den ukrainischen Parteisekretär Postyschew 1935 veranlaßt, in der *Prawda* einen Artikel zu veröffentlichen, in dem er vorschlug, in der Sowjetunion wieder die Weihnachtsfeier mit dem Weihnachtsbaum und den Geschenken einzuführen.

Wenige Jahre später wurde der Initiator dieser Idee liquidiert, obwohl ich nicht glaube, daß sein Vorschlag, Weihnachten zu feiern, der Grund gewesen ist.

Einige Zeit nach Erscheinen des Artikels wurde tatsächlich im Namen der Partei und der Regierung eine Verordnung erlassen: Dieses Jahr, 1935, sollte auch das Sowjetvolk Weihnachten feiern. Es sollte ein Neujahrsfest werden, bei dem sich die sowjetische Bevölkerung um den Tannenbaum versammelte, um sich ihres freien und glücklichen Lebens zu freuen.

Sogar Stalin nahm an der allgemeinen Festesfreude teil. Er veranstaltete in den für solche Gelegenheiten reservierten Räumen eine prächtige Weihnachtsfeier. Die wenigen geladenen Gäste gehörten der Elite an. Es waren die Mitglieder des Politbüros und des Präsidiums der Komintern, zu denen auch ich gehörte.

Die Festräume waren mit Weihnachtsbäumen geschmückt. Der größte stand in einem Saal, wo eine reich gedeckte Tafel zum Essen einlud. Stalin setzte sich an das Kopfende, und wir anderen nahmen in der Reihenfolge der gegenwärtig geltenden Rangordnung Platz. Gespannt warteten wir auf das, was da kommen sollte. Im Politbüro und im Präsidium der Komintern waren lange Reden vorbereitet worden, in denen die Verdienste des großen Stalin gewürdigt werden sollten, der zu dieser Zeit schon fast den Gipfel seiner Macht erreicht hatte. Uns erschien es ganz natürlich, daß diese Feierlichkeiten zur Glorifizierung Stalins veranstaltet worden waren. Vier oder fünf Mitglieder des Politbüros hatten sich die Texte ihrer Reden in die Tasche gesteckt, während wir im Präsidium der Komintern übereingekommen waren, unseren aufrichtigen Gefühlen durch Dimitrow und Manuilski Ausdruck verleihen zu lassen.

Doch zu unserer Überraschung schlug Stalin, nachdem wir uns gesetzt hatten, an sein Glas, stand auf und ergriff in dem für ihn charakteristischen feierlichen Ton das Wort:

„Genossen! Ich möchte einen Trinkspruch auf unseren Patriarchen, unser Leben und unsere Sonne, den Befreier der Nationen, den Architekten des Sozialismus, den allwissenden Genius (und so ratterte er die ganze Liste der damals auf ihn gemünzten Lobpreisungen und Ehrennamen herunter) und den großen Führer der Völker, Josif Wissarionowitsch Stalin ausbringen, und ich hoffe, daß dies die erste und letzte Rede ist, die heute abend auf dieses Genie gehalten wird."

Nach dem ersten Schock reagierten die Zuhörer mit einem etwas zaghaften Lachen auf diese Worte, aber dann löste sich die Stimmung, und wir genossen das Zusammensein – vielleicht mit Ausnahme derjenigen, deren Sekretäre im Schweiß ihres Angesichts die Lobeshymnen auf Stalin verfaßt hatten.

Ich habe an zahlreichen Veranstaltungen im Kreml teilgenommen, bei denen es manchmal auch sehr ausgelassen zuging, dabei aber nie Anzeichen übertriebener Eitelkeit bei Stalin festgestellt, nicht einmal wenn er unter Alkoholeinfluß stand; er wurde dann nur noch gesprächiger als sonst, seine Stimme wurde etwas lauter, und er war leichter zum Lachen zu bringen.

Es gab aber auch andere Parteiführer wie zum Beispiel Schdanow, die keinen Alkohol vertrugen. Nüchtern war er ein umgänglicher und freundlicher Mann, aber schon nach wenigen Gläsern Wodka wurde er streitsüchtig und sarkastisch, und wenn er mehr getrunken hatte, fiel er unter den Tisch und mußte hinausgetragen werden.

Obwohl es gelegentlich zu solchen Szenen kam, muß man nicht glauben, daß Stalin orgiastische Trinkgelage veranstaltete wie Peter der Große. Das gesellschaftliche Leben beschränkte sich vielmehr auf ein Mindestmaß, denn – dem Beispiel Stalins folgend – waren die obersten Sowjetführer unermüdliche Arbeitstiere.

Die Ära des Stalinismus war tyrannisch und brutal genug, um nicht durch die hier geschilderten menschlichen Aspekte verschleiert zu werden. Doch selbst bei der schärfsten Kritik an seiner Persönlichkeit sollten wir uns eine gewisse Zurückhaltung auferlegen.

Stalin der Jongleur

Politisch interessierte Kreise in der ganzen Welt haben sich gefragt, wie es möglich gewesen ist, daß eine kleine politische Gruppe in weniger als zwei Jahrzehnten eine so uneingeschränkte persönliche Diktatur errichten konnte, wie sie bis zur Mitte der 30er Jahre unter Stalin entstanden ist. Die Diktatur ist ein uraltes politisches Phänomen, das die Weltgeschichte in den verschiedensten Formen und Arten kennt, und sie ist in vielen Fällen nicht weniger skrupellos gewesen als unter Stalin.

Es gibt aber einen wesentlichen Unterschied. Die Diktaturen der rabiatesten römischen Autokraten waren zum Beispiel „bürgerliche" Diktaturen. Mit anderen Worten, die gewohnten Lebensverhältnisse der Untertanen haben sich dabei nicht wesentlich verändert; schlimmstenfalls lebten bestimmte Gesellschaftsschichten in Angst und Schrekken. Aber Stalins Diktatur war revolutionär. Sie veränderte das Leben jedes einzelnen Bürgers von Grund auf und zwang den einzelnen ständig, Dinge zu tun, die ihm unangenehm waren. Berücksichtigt man diesen wesentlichen Unterschied, dann glaube ich nicht, daß man auch am äußersten Rand der Weltgeschichte eine Erscheinung finden kann, die sich mit Stalin vergleichen läßt.

Zur Zeit Stalins gab es in der Sowjetunion nicht einen einzigen Menschen, der nicht in Furcht und Unsicherheit lebte. Stalin verfügte über die uneingeschränkte Macht (natürlich innerhalb der Grenzen des menschlichen oder sollte man sagen des unmenschlichen Lebens).

Ein oberflächlicher Beobachter mag allerdings zu anderen Schlüssen gekommen sein, und auch die Auslandskorrespondenten westlicher Zeitungen haben sich vielleicht täuschen lassen und das parlamentarische und genossenschaftliche Schauspiel, das Stalin für sie inszenierte, für bare Münze genommen.

Nach Lenins Tod hat Stalin geschickt die Macht an sich gerissen. Lenin hatte ein politisches Testament hinterlassen, aus dem wir erkennen, daß er die nach seinem Tode auftretenden Schwierigkeiten vorausgesehen hat. Er warnte darin besonders vor Stalin, den er als brutal und für eine Teamarbeit ungeeignet bezeichnete. Er warnte: „Gebt ihm unter keinen Umständen irgendwelche Machtbefugnisse."

Als Lenin starb, war die Zahl der Parteimitglieder noch verhältnismäßig gering.

Während Trotzki nur Reden hielt und gegen Stalin Propaganda machte, warb Stalin nicht nur neue Mitglieder, sondern bildete geschickt ein Triumvirat mit Sinowjew und Kamenjew. Auch sie waren machthungrig und hätten gern die Nachfolge Lenins angetreten. Diese drei Männer hielten Trotzki für ihren gefährlichsten Feind.

Mit diesen Manövern hatte Stalin einen so großen Erfolg, daß Trotzki auf dem Parteikongreß von 1927 unterlag. Es gelang Stalin, Trotzki aus der Partei auszuschließen und dann aus der Sowjetunion verbannen zu lassen.

Nachdem Stalin in den Jahren 1932 und 1933 zum souveränen Diktator aufgestiegen war, begann er auch, seine persönliche Macht auszuüben. 1936 ließ er die anderen Mitglieder des Triumvirats, Sinowjew und Kamenjew, verhaften und erschießen und wurde damit zum Alleinherrscher.

Nach dem von Lenin entwickelten Schema, dem zu folgen sich Stalin am Grabe Lenins verpflichtet hatte, war die Kommunistische Partei die höchste machtausübende Institution im sowjetischen System. Aber nachdem er die volle Handlungsvollmacht für seine Person gesichert hatte, kümmerte sich Stalin auch kaum noch um irgendwelche Parteibeschlüsse.

Es ist kaum anzunehmen, daß die Mitglieder des Zentralkomitees ebenso wie die Delegierten bei den Parteikongressen den besonderen Wunsch hatten, zusammenzukommen oder in diese Organe gewählt zu werden, denn die Zugehörigkeit zu einem dieser Gremien setzte jeden dem Haß und der Rachsucht Stalins aus. In seiner oft zitierten Aussage hat Generalsekretär Chruschtschow zum Beispiel erklärt, daß von den einhundertneununddreißig auf dem siebzehnten Parteikongreß gewählten Mitgliedern des Zentralkomitees achtundneunzig – das sind siebzig Prozent – 1937 und 1938 verhaftet und erschossen wurden. Von den eintausendneunhundertsechsundsechzig Delegierten des selben Kongresses wurden eintausendeinhundertacht, also mehr als die Hälfte, verhaftet und erschossen. Wie Chruschtschow bezeugte, waren alle diese Menschen gute Kommunisten.

Stalins Selbstherrlichkeit beruhte nicht auf Selbstüberschätzung. Er verfügte über eine große Zahl guter Berater, und er hörte auf sie. Ich habe persönlich beobachten können, daß er unter anderem große Hochachtung vor technischen Experten hatte.

Schwieriger war es, wenn es um die anderen, für die Allgemeinheit verständlicheren Künste ging. Stalin hat zwar nicht den Fehler begangen, wie Hitler als großer Ästhetiker zu posieren, hatte aber wie jeder andere durchaus eine persönliche Meinung – der einzige Unterschied lag nur darin, daß es die persönliche Meinung eines Diktators war, die Meinung des vielleicht gefürchtetsten Diktators der Weltgeschichte. Wenn er den Fehler beging, diese Meinung öffentlich zu äußern, dann wurde sie automatisch zum Gesetz.

1935 brachte die sowjetische Filmindustrie einen Film heraus, der wie alle anderen bis dahin gedrehten sowjetischen Filme starke propagandistische Tendenzen zeigte. Der Titel war „Tschapajew". Er spielt zur Zeit des Bürgerkriegs, und der Held war ein typischer russischer Bauer, der als Führer eines kleinen Reitertrupps Heldentaten vollbrachte. Der Film erregte keine besondere Aufmerksamkeit, sondern wurde sogar als recht minderwertig angesehen.

Stalin hatte sich im Kreml ein kleines Filmtheater einrichten lassen, wo auch „Tschapajew" gezeigt wurde. Aus irgendeinem Grunde fand der Hausherr Gefallen daran und bezeichnete das Werk als erstklassig. Daraufhin wurden ungezählte Kopien dieses Machwerks angefertigt und im ganzen Lande gezeigt. Der Hauptdarsteller wurde mit Ehrungen überschüttet, und die Regisseure, die Brüder Wasilijew, wurden künftig allen anderen Filmregisseuren vorgezogen. „Tschapajew" wurde zum Vorbild für viele ähnliche Filme, die nun das Land überschwemmten.

Wie konnte ein Mann eine so ungeheuere Macht auf sich vereinigen, ein Vorgang, der in der Weltgeschichte einzig dasteht? Bis zum Tode Stalins haben die Kommunisten behauptet, der Grund dafür sei die Genialität Stalins: Er habe in einzigartiger Weise das vertreten, wonach die Menschen verlangten, und in dieser seiner Fähigkeit läge seine Größe. Ausländische Kommunisten und Angehörige einer wundergläubigen Intelligenz haben das bereitwilliger geglaubt als die Russen, welche die Wahrheit kannten.

Zweifellos war Stalin ein hochbegabter und vor allem ein außerordentlich energischer Mann. Vor allem wird man seine Intelligenz bei der Schaffung des komplexen Systems bewundern müssen, mit dessen Hilfe er seine Alleinherrschaft errichten und erhalten konnte.

Ich würde sagen, die Machtfülle Stalins gründete nicht auf der Größe seiner Persönlichkeit, sondern darauf, daß es ihm gelang, drei Institutionen in einzigartiger Weise zu nutzen. Vor allem schuf er als Anhängsel der Partei ein mächtiges Kontrollkomitee, das in Wirklichkeit eine innerhalb der

Partei funktionierende Polizeiorganisation war. Dieses Komitee hatte die Befugnis, jeden zu verhaften, vor Gericht zu stellen und verurteilen zu lassen. Auf seinen Befehl sind Tausende ins Gefängnis geworfen und erschossen worden.

Zweitens hat er mit Hife von Jagoda die GPU wesentlich gestärkt. Sie war jetzt nicht mehr eine gewöhnliche Geheimpolizei, sondern eine der inneren Sicherheit dienenden Armee. In die GPU und ihr unterstellt waren die Grenzpolizei und die Miliz mit einer Stärke von mehr als einer Million Mann.

Das dritte Machtzentrum war natürlich die Rote Armee.

Dieses von Stalin geschaffene System war eine besonders schlaue und geschickte Erfindung. Alle Munitionslager wurden von der GPU verwaltet.

Mit anderen Worten, die GPU hatte die Munition, die als solche nicht gefährlich war, und die Rote Armee hatte die Kanonen, die Panzer und andere Waffen, die als solche ohne Munition ebenfalls keine Gefahr darstellten. Nur gemeinsam bildeten diese beiden Elemente eine gewaltige bewaffnete Macht. Einzeln waren sie machtlos.

Mit diesen drei Machtzentren spielte Stalin wie ein Jongleur im Zirkus mit drei Bällen, wobei stets zwei gegen eines standen. Die Partei und die GPU bildeten eine gemeinsame Front, wenn die Rote Armee in die Schranken gewiesen werden sollte. Die GPU wiederum wurde mit Hilfe der Partei und der Armee in Schach gehalten.

Von den drei Institutionen war das staatliche Organ für die Aufrechterhaltung der Disziplin, die GPU, zahlenmäßig die stärkste und beschäftigte mehrere Millionen bezahlte Mitarbeiter. Auch das Kontrollkomitee der Partei verfügte über einen riesigen Apparat, aber nicht über eine so große Zahl von bezahlten Funktionären. Es bediente sich vielmehr der ehrenamtlichen Mitarbeit von Parteigenossen. Die politische Abteilung der Roten Armee und deren Geheimpolizei ließen sich mit den Spionageabwehrabteilungen aller anderen Länder vergleichen, waren jedoch auf sehr viel breiterer Basis organisiert. Ihre Tätigkeit beschränkte sich nicht nur auf die Belange der Armee, sondern ging weit darüber hinaus. Auch diese Organisationen beschäftigten eine sehr große Zahl von Mitarbeitern.

Ein ungeschriebenes Gesetz führte zu einer scharfen Konkurrenz zwischen diesen drei Institutionen, die Stalin skrupellos zu seinem Vorteil nutzte. Jeder bespitzelte den anderen und versuchte, seine Arbeit noch gründlicher zu tun als seine Rivalen. In dieser Hinsicht gab es keine friedliche Koexistenz; im Gegenteil, Rivalitäten und häßliche Konflikte waren an der Tagesordnung. Stalin schien diesen Konkurrenzkampf zu befürworten, denn er ermöglichte eine bessere und gründlichere Arbeit. Vielleicht glaubte Stalin, genau das sei der vielgerühmte sozialistische Wettbewerb. Diese Rivalen versuchten ständig, einander eins auszuwischen und sich gegenseitig auf die Zehen zu treten.

1936 hatte die Macht der GPU in gefährlicher Weise zugenommen. Ihr Chef Jagoda fing an, sein eigenes politisches Spiel zu spielen – oder behielt wenigstens gewisse Dinge für sich, die Stalin hätte wissen müssen. Doch plötzlich wurde dieser mächtige Mann auf einen bedeutungslosen Posten abgeschoben, dann aber festgenommen und liquidiert. Das Kontrollkomitee der Partei und die Vierte Abteilung der Roten Armee hatten gemeinsam zugeschlagen. Dabei waren die Spitzenfunktionäre der GPU und Tausende von prominenten Personen verhaftet worden. Sie verschwanden auf Nimmerwiedersehen.

Es hatte den Anschein, als würde jetzt die ganze Organisation verschwinden, aber als der Chef des Kontrollkomitees der Partei, Jeschow, die Zügel in die Hand nahm, erstarkte sie wieder, und nach wenigen Monaten holte Stalin zu einem neuen Schlag gegen die Rote Armee und ihre Vierte Abteilung aus. Tuchatschewski, einer der fünf Marschälle der Sowjetunion, hatte die Armee neu gegliedert und war dabei zu großem Ansehen gelangt, und General Gamarnik, der Chef der politischen Abteilung der Roten

Armee, hatte deren Vierte Abteilung zu einer mächtigen Organisation entwickelt. Nun mußte man befürchten, daß sie der Versuchung nicht widerstehen könnten, einen so glänzend organisierten Apparat gegen den Diktator zu benutzen.

Aber der Diktator schlug als erster zu. Die GPU und die Kontrollkommission der Partei entmachteten die Rote Armee mit gemeinsamen Kräften. Tuchatschewski und die Offiziere seines Stabes wurden verhaftet und erschossen; Gamarnik nahm sich bei seiner Festnahme das Leben; der Stadtkommandant von Kiew, Jakir, der Chef des westlichen Militärbezirks, Uborewitsch, der Direktor der Moskauer Militärakademie, Kork, der Kavalleriekommandeur Primakow und viele andere Generäle wurden zusammen mit ihren Familien liquidiert. Zwei weitere Marschälle, Blücher und Jegorow, wurden vom gleichen Schicksal ereilt, nachdem sie als Mitglieder des Militärtribunals auf Befehl Stalins die Todesurteile gegen die anderen Offiziere gefällt hatten. Von den achtzigtausend Offizieren der Roten Armee, die einen höheren Rang einnahmen als den des Leutnants, wurden dreißigtausend liquidiert.

Doch die GPU war nach diesem Sieg zu stark geworden, und die gewaltigen Säuberungsaktionen jener Jahre gaben ihr die Möglichkeit, unbehindert viele Millionen Sowjetbürger in die Konzentrationslager zu schicken. Deshalb übernahm die Vierte Abteilung der Armee mit Unterstützung des Kontrollkomitees der Partei die Aufgabe, die Macht der GPU zu brechen. Jeschow und sein Stab wurden verhaftet und hingerichtet. Ich weiß nicht, ob Jeschow für Stalin wirklich eine Bedrohung bedeutet hat, aber es war immer das beste, auf der Hut zu sein, und außerdem schlug Stalin zwei oder vielleicht sogar drei Fliegen mit einer Klappe.

Welcher Staatsmann hat nicht Machiavelli gelesen? Und so kannte Stalin höchstwahrscheinlich auch die Geschichte von Cesare Borgia, der, nachdem er seine persönlichen

Feinde von gedungenen Mördern hat umbringen lassen, auch diese hinrichten ließ, um seine eigene Unschuld und Rechtschaffenheit unter Beweis zu stellen. Die Liquidierung Jeschows machte den GPU-Chef zum Sündenbock, und Millionen von Menschen glaubten, nun, da Jeschow der gerechten Strafe zugeführt worden sei, wäre ihre Unschuld erwiesen. Aber die Hoffnung trog. Und mit der Liquidierung von Jeschow und den Angehörigen seines Stabes wurden viele gefährliche Zeugen zum Schweigen gebracht.

Meine sechs persönlichen Spione

In jeder großen und kleinen Stadt standen der GPU große Häuser zur Verfügung, Symbole des Schreckens für jedermann. Jeder Moskauer kennt die Ljubjanka, jeder Bewohner Leningrads die Gorochowaja, jeder Bewohner von Petrosawodsk das Weiße Haus und so weiter: Die GPU hat ihre eigenen Gefängnisse und Hinrichtungsstätten. In jeder ausländischen Botschaft gibt es einen GPU-Mann. Ihre Fühler reichen überallhin.

Das alles war allgemein bekannt, aber über das Überwachungs- und Spionagesystem wußte kaum jemand etwas. Es war dieses System, das die GPU zu der in der Weltgeschichte einzigartigen Institution machte und das zum Teil die Allmacht Stalins erklärt.

An einem praktischen Beispiel aus meinem Büro will ich die Arbeitsweise dieses Systems verdeutlichen.

Als Parteisekretär hatte ich sechs männliche Assistenten, alles Mitglieder der Kommunistischen Partei. Außerdem beschäftigte ich einige Sekretärinnen, die aber nicht alle der Partei angehörten.

Eines Tages erhielt mein Assistent A (ich bezeichne diese Männer mit Buchstaben, um ihnen nicht zu schaden, falls sie noch am Leben sind) die private und geheime Aufforderung, in die Ljubjanka zu kommen und sich dort beim Chef der finnischen Abteilung Saizew, der aus Ingermanland stammte, zu melden. Saizew bat ihn, Platz zu nehmen und begann das Gespräch in einem freundlichen und vertraulichen Ton:

„Sie wissen, daß die Sowjetunion heute noch von kapitalistischen Ländern umgeben ist, und Sie können annehmen, daß diese Länder ständig Spione und Saboteure in die Sowjetunion schicken. Sie werden verstehen, daß wir gezwungen sind, unsere Wachsamkeit nach Möglichkeit zu verstärken. Als Beschützer der Demokratie müssen wir genau darüber unterrichtet sein, welche Meinungen in jeder Einrichtung geäußert werden, denn das kann uns manchen wertvollen Hinweis geben.

Wir haben uns erkundigt und festgestellt, daß Sie ein zuverlässiger, aufmerksamer und intelligenter Mensch sind, und deshalb haben wir uns entschlossen, Sie zu bitten, uns hin und wieder, ein- oder zweimal im Monat, systematisch über alles zu berichten, was in Ihrem Büro geschieht, worüber Sie sich in den Kaffeepausen unterhalten und was während der Arbeit außerhalb des Hauses gesprochen wird.

Das ist eine besondere Auszeichnung für Sie und ein wichtiger vertraulicher Auftrag. Wegen Ihrer Vertrauenswürdigkeit sind Sie der einzige in Ihrem Büro, an den wir uns wenden. Selbstverständlich dürfen Sie mit niemandem auch nur ein Wort über diesen Auftrag sprechen. Das könnte Sie in Schwierigkeiten bringen." Saizew sagte das alles ganz sanft, aber A liefen kalte Schauer den Rücken hinunter.

„Soll ich auch über den Genossen Tuominen berichten?" fragte er.

„Über jeden und besonders über ihn."

„Aber er nimmt in der Partei eine hohe Stellung ein. Gemäß einem Beschluß der Partei bin ich gerade ihm für alles, was ich tue verantwortlich. Wie könnte ich ihm das Zusammentreffen mit Ihnen verschweigen? Wenn ich das täte, machte ich mich eines Vergehens gegen die Partei schuldig, und als altes Parteimitglied kann ich mir das nicht erlauben."

„Das sind etwas kindliche Vorstellungen, Genosse A", sagte Saizew. „Wir mißtrauen Ihrem Vorgesetzten nicht im geringsten. Wir wissen, daß er ein altes Parteimitglied ist und das Wohlwollen höchster Stellen genießt. Auch wir vertrauen ihm. Wir verdächtigen niemanden in Ihrem Büro, und uns liegen keine ungünstigen Informationen über irgendeinen Ihrer Kollegen vor. Dies ist in erster Linie nicht mehr als eine zusätzliche Sicherheitsmaßnahme. Wir müssen alles wissen. Ich sage alles. Mit der Befolgung unserer Anweisungen verstoßen Sie nicht gegen die Beschlüsse der Partei, aber – ich wiederhole das – wenn Sie mit irgend jemandem darüber sprechen, werden Sie in große Schwierigkeiten geraten."

Damit war das Gespräch beendet.

Schon am nächsten Morgen kam der Genosse A., mit dem ich eng befreundet war, zu mir und erzählte mir die ganze Geschichte, wie ich sie hier wiedergebe. Er war sehr nervös.

„Was soll ich tun? Ich bin bereit, sofort zu Saizew zu gehen und ihm mitzuteilen, daß ich es Ihnen gesagt habe."

„Tun Sie das nicht", sagte ich. „Wir werden sehen. Und sprechen Sie mit niemandem darüber."

Nach ein paar Tagen kam auch mein Untergebener B zu mir, um unter vier Augen mit mir zu sprechen. Er erzählte mir fast wörtlich die gleiche Geschichte wie A.

Es vergingen ein paar Wochen, und ein dritter Untergebener – nennen wir ihn C – kam verzweifelt mit der gleichen Geschichte zu mir. Zwar haben sich die drei anderen mir nicht anvertraut, aber ich wußte jetzt, daß sie alle sechs angeworben worden waren, um mich und ihre Kollegen zu bespitzeln.

A, B und C gaben in regelmäßigen Zeitabständen ihre Berichte ab und erzählten mir – wahrscheinlich um ihr Gewissen zu beruhigen –, was sie berichtet hatten.

Es kam zu keinen besonderen Vorkommnissen, aber man

konnte deutlich spüren, daß sich die Atmosphäre verändert hatte. Man hörte keine spontanen Scherze mehr, jeder war auf der Hut, und das politische Gespräch bestand nur noch aus Phrasen über den großen Stalin und die mächtige Sowjetunion.

Meine Mitarbeiter waren ehrliche Menschen, die versuchten, so allgemein gehaltene Berichte abzugeben, daß sie niemandem damit schadeten. Ich komme zu diesem Schluß, weil keiner von uns „vorzeitig" verhaftet wurde. Als mich meine Mitarbeiter schließlich verließen, geschah das im großen Strom der allgemeinen politischen Säuberungen.

Mitte der 30er Jahre unternahm ich einige Reisen durch Karelien, um die Stimmung unter den Arbeitern zu heben. Ich besuchte verschiedene Arbeitsstellen und erläuterte die Situation entsprechend der von der Partei vertretenen politischen Linie: Jetzt geht es Ihnen noch schlecht: Brot, Bekleidung und vieles andere ist knapp, aber das sind nur die Geburtswehen, denn dieser industrielle Riese wächst so rasch, daß ihm seine Kleider nicht mehr passen. Irgendwo kommt immer wieder die nackte Haut zum Vorschein.

Die Männer wurden zu den Versammlungen befohlen, ich hielt eine aufmunternde Ansprache, dann sprach noch ein zweiter Redner, und anschließend forderte ich die Zuhörer auf, sich zu Wort zu melden und zu den Problemen Stellung zu nehmen. Doch obwohl ich mein möglichstes tat, diese Männer zu begeistern, die alle Finnen waren, darunter zahlreiche Mitglieder der Finnischen Kommunistischen Partei und alte Gewerkschaftler, konnte ich sie zu keiner Reaktion bewegen. Diese Hunderte von Arbeitern waren so apathisch und deprimiert, daß ich den Eindruck hatte, einer feindlichen Masse gegenüberzustehen. Sie lachten nicht über meine Witze, obwohl ich in Finnland und auch in Rußland gewohnt war, daß man mir applaudierte, wenn ich meine Reden mit humoristischen

Einlagen würzte. So verzweifelt ich mich auch darum bemühte, meine Zuhörer zu erwärmen, sie äußerten sich bis zum Schluß der Versammlungen mit keinem einzigen Wort.

Man konnte deutlich sehen, wohin der Terror der GPU diese Finnen getrieben hatte.

Im Verlauf der sogenannten „Julisäuberungen" wurden sehr viele Menschen in Karelien verhaftet, und das führte in Moskau auch zur Verhaftung von Gylling und Rovio. Gylling war Mitglied des Zentralkomitees der Finnischen Kommunistischen Partei, und als Parteisekretär mußte ich den Grund für seine Verhaftung feststellen. Die Parteiführung war durch diesen Vorfall böse kompromittiert worden.

Außerdem trifft einen die Verhaftung von Männern wie Gylling und Rovio, die einem nahegestanden haben und von denen man genau weiß, daß sie unschuldig sind, sehr viel schmerzlicher als das Verschwinden Tausender von unbekannten Personen. Je näher einem die Menschen stehen, die von einem schweren Schicksalsschlag getroffen werden, desto stärker ist auch das Mitgefühl.

Und so war selbst im *Dom Prawitelstwo* wie überall im Lande die Furcht der das ganze Leben beherrschende Faktor, Furcht und wieder Furcht. Niemand, nicht einmal der Privatsekretär Stalins, O. W. Kuusinen, konnte völlig sicher sein, daß er morgens am gleichen Ort aufstehen werde, an dem er sich am Abend zuvor schlafen gelegt hatte; man konnte auch nachts aus seiner Wohnung geholt und an einen anderen Ort gebracht werden.

Wenn man einmal erlebt hat, unter welchen Druck man durch diese Furcht gerät, dann erscheint es einem unmöglich, daß die Menschen diesen Zustand jahrelang ertragen können, ohne zu rebellieren. Doch zugleich begreift man auch, daß es unter solchen Voraussetzungen keine Möglichkeiten für eine Rebellion gibt. Auch zum Rebellieren braucht man ein wenig Bewegungsfreiheit.

Dieser Gedanke blieb ein flüchtiger Traum einzelner, die es nicht wagten, auch nur im Flüsterton davon zu sprechen. Die Diktatur Stalins war in der Tat total und unbegrenzt.

Die vielen Klassen einer „klassenlosen Gesellschaft“

Wenn man die Entwicklung in der Sowjetunion aus so unmittelbarer Nähe beobachtet hat wie ich, dann überlegt man sich immer wieder, wie sähe es heute aus, wenn Lenin am Leben geblieben wäre.

Lenin ist nicht einmal vierundfünfzig Jahre alt geworden. Biologisch gesehen hätte er fünfzehn Jahre länger leben können. Als er starb, begannen sich die Verhältnisse in der Sowjetunion zu stabilisieren. Sollten wir nicht sagen, daß Lenin Glück gehabt hat, nicht den Zusammenbruch seiner Träume erleben zu müssen?

Einer der wichtigsten Programmpunkte in der bolschewistischen Ideologie war die Schaffung einer klassenlosen Gesellschaft. Schon lange bevor sie die Macht ergriffen hatten, erklärten die Bolschewiken, sie würden einen Staat ohne Ausbeuter und Ausgebeutete gründen und eine völlig neue Gesellschaftsordnung schaffen, in der niemand von der Arbeit anderer leben, sondern jeder selbst seinen Unterhalt verdienen werde; wo jedermann ohne Rücksicht auf seine gesellschaftliche Stellung die gleichen Möglichkeiten im Leben haben müsse; gleich gute Wohnverhältnisse, die gleichen Chancen für eine höhere Schulbildung und die gleichen Möglichkeiten, von sozialen Einrichtungen Gebrauch zu machen.

In den Jahren von 1918 bis 1921, der Periode des Kriegskommunismus, als das ganze Land sich noch in einem chaotischen Zustand befand, waren die Klassenunterschiede am wenigsten stark ausgeprägt. Damals konnte man kaum von einer geordneten Gesellschaft sprechen, aber nach 1921 begannen mit der Stabilisierung der bolschewistischen Herrschaft sehr rasch neue soziale Klassen zu entstehen, obwohl die Revolution von 1917 sie angeblich ein für allemal abgeschafft hatte. Wohl waren die alten privilegierten Klassen im großen und ganzen verschwunden; ein paar Millionen Angehörige dieser Klassen waren ins Ausland geflohen, und die Zurückgebliebenen waren liquidiert worden. Doch ebenso schnell entstanden neue privilegierte Klassen und sicherten sich ihre Vorrechte.

Das in der Sowjetunion herrschende Systems gleicht sehr viel mehr dem der östlichen Länder, zum Beispiel dem indischen Kastensystem, als dem der westlichen Länder. Es ist unmöglich zu sagen, wieviele verschiedene Stufen und Ränge man in der Klassenhierarchie der Sowjetunion unterscheiden kann, wer jedoch die Verhältnisse in der Sowjetunion näher untersucht, hat keine Schwierigkeiten, auf Grund der ihnen zugestandenen Rechte und von ihnen zu erfüllenden Verpflichtungen zehn verschiedene Klassen voneinander zu unterscheiden. Die Klassifizierung wird von den Erfordernissen des Bolschewismus bestimmt.

Die erste oder höchste Kaste besteht aus den wenigen Persönlichkeiten in der unmittelbaren Umgebung des Diktators, den Mitgliedern des Politbüros und einzelnen Mitgliedern der Zentralregierung. Zu dieser höchsten Kaste kann unter Umständen auch ein besonders prominenter Parteifunktionär außerhalb Moskaus gehören, dessen Machtbefugnisse gegenüber allen unter ihm Stehenden unbegrenzt sind. Ein Mitglied dieser Kaste genießt alle Privilegien, die das riesige Sowjetreich zu bieten hat. Nur der Diktator selbst kann ihrer Macht Grenzen setzen.

Zu der zweiten privilegierten Klasse gehört ein sehr viel größerer Personenkreis. Zu ihm kann man die Direktoren der großen Fabriken (unabhängig davon, ob sie Mitglieder

der Kommunistischen Partei sind oder nicht), die prominentesten GPU-Chefs und ganz allgemein die höchsten Parteifunktionäre rechnen. Auch diese Leute verfügen über eine fast unumschränkte Macht, aber über ihnen steht dennoch jene oberste Kaste, die streng darauf achtet, daß die zweite die Grenzen ihres Machtbereichs weder nach oben noch nach unten überschreitet.

Zur dritten Klasse in der Gesellschaftsordnung gehören vielleicht die führenden Technokraten, die leitenden Ingenieure der großen Industriebetriebe, die obersten Gewerkschaftsfunktionäre und (wenn wir die Rote Armee unberücksichtigt lassen und sie als besondere Klasse betrachten) die Offiziere der Zivilverteidigung, die nicht der Armee angehören. Diese Offiziere nehmen eine verhältnismäßig hohe soziale Stellung ein und sind recht zahlreich. Zur dritten Klasse können auch Vertreter des kulturellen Lebens gehören wie bekannte Schriftsteller, einige führende Journalisten und so weiter, aber hier handelt es sich um Einzelfälle.

Einen wesentlich niedrigeren Rang nehmen die Hunderttausende, vielleicht sogar Millionen von Intellektuellen ein. So gehören die Lehrkräfte an den Universitäten und die führenden Persönlichkeiten auf kulturellem Gebiet nicht zur Oberklasse, sondern müssen vielmehr in die fünfte oder sechste Rangstufe eingeordnet werden.

So könnte man diese Klassen ohne weiteres in zehn verschiedene Rangstufen einteilen, bevor man zur eigentlichen Arbeiterklasse kommt, zu den Menschen, die wirklich arbeiten. In anderen Ländern betrachtet man sie als *eine* Klasse, aber in Rußland gibt es sechs oder sieben verschiedene Rangstufen. Die Angehörigen der obersten Stufe der Arbeiterklasse genießen Privilegien, aber sie lassen sich in keiner Weise mit den Sonderprivilegien der drei obersten Klassen vergleichen. Ein Arbeiter kann, was er auch immer tun mag, nicht im entferntesten die Vorteile für sich in Anspruch nehmen, die die Angehörigen der höchsten Kaste genießen, aber innerhalb seiner eigenen Gruppe gehört er unter Umständen der obersten Klasse an.

Facharbeiter werden danach klassifiziert, welche Bedeutung ihrem Industriezweig während jeder Phase des sozialistischen Aufbaus beigemessen wird. Während der fünf Jahre des Aufbaus der Schwerindustrie setzte sich die oberste Schicht aus Metallgießern und -drehern zusammen, und unter ihnen nahmen die Stachanow-Arbeiter eine besondere Stellung ein. Als die Bedeutung dieses Industriezweiges abnahm, verringerte sich auch das gesellschaftliche Ansehen der Metallarbeiter. Bei den Löhnen gab es ganz erhebliche Unterschiede, und alle Vergünstigungen entsprachen der gesellschaftlichen Stellung. Eine Arbeiterin der niedrigsten Klasse, eine Straßenkehrerin oder eine Arbeiterin in der Leichtindustrie hatte keinerlei Rechte. Sie verdiente einen kärglichen Lohn, der gerade für Brot und Tee ausreichte, und durfte nicht damit rechnen, jemals ihren Urlaub in einem Erholungsheim oder Sanatorium verbringen zu dürfen. Sie hatte das Recht, schwere Arbeit zu leisten und unter der Last dieser Arbeit zusammenzubrechen. Sie nahm die gleiche Stellung ein wie ein indischer oder chinesischer Kuli.

Wahrscheinlich wäre es außer in den östlichen Ländern nirgends möglich, die Klassenunterschiede so unverfroren öffentlich zur Schau zu stellen wie in Rußland. In einer Fabrikkantine werden die Mahlzeiten zum Beispiel auf wenigstens drei, manchmal aber auch auf noch mehr verschiedenen Ebenen eingenommen, und ich meine nicht etwa in mehreren Schichten oder an verschiedenen Tischen, sondern die gleiche Küche bereitet für den gleichen Speisesaal die Mahlzeiten für die Direktoren, für die stellvertretenden Direktoren und für die Arbeiter zu. Das ist allgemein üblich, und in der Mittagspause begibt sich jede Gruppe hinter ihren Vorhang, um die für sie zubereiteten Gerichte zu essen.

Im Speisesaal der Komintern verfuhr man nach dem gleichen System, und da ich mindestens alle Privilegien der zweiten Klasse genoß, war mein Platz dort, wo die besten Gerichte serviert wurden, während meine Assistenten bei der zweiten und dritten Kategorie aßen. Ich habe oft versucht, an ihrem Tisch zu essen, aber das galt als ungehörig. Die vorwurfsvollen Blicke sagten mir, dein Platz ist nicht hier; gehe zu deiner eigenen Kaste! Der Herr und sein Sklave durften sich nicht verbrüdern.

Ich habe niemals festgestellt, daß irgend jemand an dieser Einrichtung etwas auszusetzen hatte. Alles geschah mit der größten Selbstverständlichkeit.

Um eine Vorstellung davon zu vermitteln, wie diese Klassenhierarchie auf einen Westeuropäer und besonders einen Arbeiter wirkte, möchte ich eine Begebenheit schildern, die zu den peinlichsten gehörte, die ich je erlebt habe.

In der ersten Hälfte des Jahres 1936 kamen drei in Finnland geborene Amerikaner in mein Büro – das Büro des Parteisekretärs – als Vertreter einer Gruppe von Arbeitern in einer Rüstungsfabrik in der Nähe von Moskau. Sie verlangten die Beseitigung diskriminierender Maßnahmen, unter denen diese Arbeiter zu leiden hatten. Es waren Männer mittleren Alters, typische finnische Amerikaner, ehrliche und offensichtlich durch und durch aufrechte Arbeiter. Nachdem sie ihr Anliegen in knapper Form vorgetragen hatten, wendeten sie sich direkt der Frage der Klassenunterschiede zu.

„Da Sie zu einer jener führenden Gruppen gehören, die wissen sollten, was wirklich in diesem Lande vorgeht, sagen Sie uns ganz offen, ist dies eine klassenlose Gesellschaft?"

„Angeblich ist es das", erwiderte ich. „Genosse Stalin hat es gesagt."

„Vielleicht hat Genosse Stalin es gesagt, aber wir fragen Sie. Ein Finne fragt den anderen: Ist dies eine klassenlose Gesellschaft?"

Ich räusperte mich, machte eine kleine Pause und sagte dann: „Diese Frage kann man nicht so ohne weiteres beantworten. Jedenfalls bemüht man sich in dieser Richtung. Genosse Stalin hat erklärt, daß der Sozialismus verwirklicht ist und wir uns auf den Kommunismus zubewegen, und der Kommunismus wird klassenlos sein."

Die Männer zeigten sich ein wenig verwirrt. „Wie wagen Sie es, uns zu sagen, daß wir nicht wissen, wovon wir sprechen, wir, die wir sechs oder sieben Jahre in Konzentrationslagern oder Zwangsarbeitslagern zugebracht haben!"

„Ich verstehe nicht ganz, was Sie meinen."

„Wir fragen Sie nur, ob wir als gewöhnliche Arbeiter in einer solchen Wohnung leben dürfen wie Sie."

„Nun, ich wohne im *Dom Prawitelstwo*, einem Regierungsgebäude, das ausschließlich führenden Persönlichkeiten zur Verfügung steht."

„Genau! Kein einziger Arbeiter wohnt dort mit Ausnahme des Pförtners und der Sklaven, die Sie bedienen. Sie leben in einem Regierungsgebäude, und wir leben in so klapperigen Baracken, daß der Wind durch die Ritzen bläst. Und nun zur Verpflegung – bekommen wir die gleichen Lebensmittel wie Sie?"

„Nun, es sind nicht genau die gleichen."

„Dürfen wir in denselben Läden einkaufen wie Sie? Auch das ist nicht möglich, denn die Läden sind in bestimmte Klassen eingeteilt. Sie haben eine A-Karte, und wir haben C-Karten. Sie kaufen in einem A-Laden ein, wo es alles gibt, Schuhe und Lebensmittel – wir haben die Auslagen in den Schaufenstern gesehen. Unsere C-Karte erlaubt uns, in einem Laden einzukaufen, wo es nichts als Brot und manchmal Tee gibt, und doch ist es dort dreimal so teuer wie in Ihrem Laden. Was bedeuten diese Rangunterschiede? Und dürfen wir die gleichen Verkehrsmittel benutzen wie Sie? Ihre Eisenbahnfahrkarten gelten für die erste Klasse oder für einen internationalen Schnellzug, und wir müssen den Viehwagen benutzen. Und manchmal gelingt es uns, eine Fahrkarte für die „harte" reguläre Klasse zu bekommen."

Die Situation war alles andere als angenehm. Alles was die Männer sagten, war richtig – ich wußte das ebenso gut wie sie. Ich hatte nicht mehr den Mut, ihnen die aufrüttelnde Ansprache zu halten, die meine Stellung von mir verlangte, und konnte auch nicht tun, was die Politruks unseres Gastlandes unter ähnlichen Umständen getan hätten, und sie anschreien: „Haltet den Mund und macht, daß Ihr hinauskommt, oder –! Solches Gerede ist konterrevolutionär – seht Euch vor!"

Um mir zu zeigen, was er wirklich dachte, setzte sich einer der Männer, eine schmächtige Bohnenstange von einem Kerl, auf meinen Schreibtisch, zog auch noch die Füße nach und fing an, mir einen Vortrag zu halten: „Wir sind aus den Staaten hierhergekommen, aus dem Land der Dollarteufel, wenn Sie wissen, was das ist. Sie wissen wahrscheinlich – und auch die Amerikaner wissen es –, daß dort nur der allmächtige Dollar etwas gilt. Aber selbst mit diesem Dollarkult waren die Verhältnisse dort nicht, wie sie hier sind. Wenn wir mit unserer Arbeit fertig waren, ob in einem Kohlenbergwerk, im Forst oder sonstwo, und wenn wir unsere Dollars in der Tasche hatten und uns einen schönen Tag machen wollten, dann fuhren wir erster Klasse in die nächste Großstadt, saßen in unseren schäbigen Arbeitsklamotten im Pullmanwagen, sprachen finglisch und rauchten billige Zigaretten, bis die Dollarprinzessinnen, die neben uns saßen, vor Wut schäumten, aber nichts dagegen tun konnten, weil wir unsere Fahrkarten hatten.

Was würde geschehen, wenn wir das auch in diesem Lande tun wollten, wenn wir eine Fahrkarte kauften, uns in den internationalen Schnellzug setzten, uns einen Glimmstengel anzündeten und zwischen Ihren Damen und Herren Platz nähmen? In den Staaten ist das erlaubt, hier aber nicht. Wenn wir versuchten, uns in den gleichen Wagen zu setzen, dann würde uns ein GPU-Mann hinauswerfen. Arbeiter müssen einen anderen Zug benutzen oder wenigstens einen anderen Wagen. So ist das in dieser klassenlosen Gesellschaft.

Ich konnte nichts anderes tun als verlegen lächeln und zugeben, daß nicht alles so sei, wie es sein sollte, daß sich aber mit der Zeit vielleicht doch noch alles zum Besten wenden werde. „In diesem Lande nie", sagte der Mann. „Es ist in einem erbärmlichen Zustand. Während der vergangenen sechs oder sieben Jahre ist alles nur noch schlechter geworden. Die Arbeiter sollten gewisse Privilegien haben, aber sie sinken immer tiefer und tiefer, während Ihr großen Tiere immer höher steigt. Auch Sie fahren ein Luxusauto, reisen in der Bahn erster Klasse und essen in feinen Restaurants. Verlassen Sie sich darauf, es gibt Klassenunterschiede."

Diese Lektion genügte mir für diesmal. Als ich von der Arbeit nach Hause zurückkam, schilderte ich Kuusinen den Vorfall in allen Einzelheiten.

„Nun, an dem, was diese Grobiane gesagt haben, ist schon etwas Wahres dran", mußte er zugeben.

Er wagte aber nicht einzuräumen, daß sie völlig recht hätten. Er fand auch keinen Gefallen daran, darüber zu scherzen, welche Fortschritte Rußland seit der Zarenzeit gemacht habe. Damals gab es auf der Eisenbahn nur drei Klassen. In der klassenlosen Gesellschaft waren sieben daraus geworden. Die erste Klasse waren die internationalen Wagen, die in die Klassen A und B eingeteilt waren. Die Abteile in der Klasse A waren geräumige Salons, und dieses Ende des Wagens war vielleicht nur mit zwei oder drei Fahrgästen besetzt. Im anderen Ende saßen einige mehr. (Im Gegensatz dazu beförderten die den Arbeitern zur Verfügung stehenden Waggons einhundertfünfzig Personen.)

Auch die dritte Klasse war in Abteile der Kategorien A und B eingeteilt. Es war die sogenannte „weiche" Klasse, das heißt, die Sitze waren gepolstert. Die fünfte Klasse war halbweich, die sechste „hart" und die siebente war der Viehwagen.

Das alles wußten die finnischen Amerikaner sehr gut. Sie

gehörten zu den „letzten Mohikanern“, die es wagten zu sagen, was sie dachten.

Nach einem solchen Gespräch empfand ich es als unrecht, im „Roten Pfeil“ von Leningrad nach Moskau zu fahren, mich am Bahnhof von einer Limousine Stalins abholen zu lassen, in den Speisesaal erster Klasse der Komintern zu gehen, dort zu essen und dann in meine Wohnung in den Wohnblock der Komintern zurückzukehren.

Ich mußte den ganzen Tag an die Gefängniszelle von Tammisaari und dann wieder an die Baracken von Syväri und die karelischen Wälder denken, wo diese finnischen Träumer – und auch ich war ein solcher Träumer gewesen – heute sozialistische Aufbauarbeiten leisteten, ohne die Vorrechte der klassenlosen Gesellschaft zu genießen, und diese Gedanken verfolgten mich bis in meine Träume.

Trotzdem habe ich zum Beispiel nicht mit meiner Frau davon gesprochen, daß wir dieses Land eigentlich verlassen müßten. Wir haben uns vielmehr Gedanken darüber gemacht, wie wir uns das Leben bequemer einrichten könnten, damit es eher den Idealen des Sozialismus entspräche. Wir glaubten, wir müßten uns auch weiterhin darum bemühen, die Verhältnisse zu bessern. Wenn man sich einmal entschlossen hat, einen bestimmten Weg zu gehen, und die Absicht erklärt hat, diesen Weg in eine bessere Zukunft durch dick und dünn zu gehen, dann ist es nicht leicht, seinen Entschluß zu ändern. Es war schwierig, sich abzukoppeln. Ich war schon lange ein führender Kommunist. Wollte ich die Partei jetzt verlassen, dann wäre ich ein Renegat, ein Abtrünniger – mit anderen Worten ein Verräter.

Die Hexenjagden der 30er Jahre

Während meiner Moskauer Jahre waren schon alle Vorbereitungen für die Prozesse getroffen, welche die ganze Welt mit Erstaunen, zum Teil aber auch mit Entsetzen zur Kenntnis nehmen sollte.

Die Hauptangeklagten im ersten großen Prozeß, der 1936 eröffnet wurde, waren Sinowjew und Kamenjew; im zweiten, der im folgenden Jahr stattfand, waren es Radek und gewisse hohe sowjetische Beamte; 1938 im dritten Prozeß war Bucharin der Hauptbeschuldigte. Den ersten Prozeß habe ich als Augenzeuge verfolgt, während des zweiten befand ich mich auf Reisen, und als Bucharins Schicksal entschieden wurde, hatte ich die Sowjetunion bereits verlassen.

Sinowjew und Kamenjew wurden des Mordes an Kirow beschuldigt, ein Fall, der nach der Rede Chruschtschows in neuem Licht erschien. Wahrscheinlich waren ganz andere Leute die Täter, aber mit dieser Frage will ich mich hier nicht beschäftigen.

Die Verhandlung fand im Gewerkschaftsgebäude statt. Die Zuschauerplätze waren für die Mitglieder des Präsidiums der Komintern reserviert, und ich machte natürlich von diesem Privileg Gebrauch. Die Menge der unmöglich klingenden Anklagepunkte überraschte mich nicht besonders; ich hatte mich bereits an die Tatsache gewöhnt, daß man in Rußland zu Übertreibungen neigte. Aber ich wußte auch aus eigener reicher Erfahrung, daß es die erste Pflicht des Angeklagten ist, alle Vorwürfe zu bestreiten, und ich nahm an, daß diese hartgesottenen Politiker das wüßten. Aber nein. Bereitwillig gestanden sie, alle Verbrechen begangen zu haben, deren man sie beschuldigte, und als sei das noch nicht genug, bemühten sie sich darum, sich noch mehr zu belasten.

Vor meinem geistigen Auge sah ich eine Szene aus dem Jahr 1921: Sinowjew, der allmächtige Direktor der Komintern und Zar von Petrograd, ein imposanter Mann, der alle anderen Würdenträger um Haupteslänge überragte. Dieser Sinowjew, der sich zu all diesen furchtbaren Verbrechen bekannte, war nicht mehr derselbe Mann. Er war abgemagert und hielt sich schlecht, ich konnte aber keine Anzeichen dafür entdecken, daß er mißhandelt worden war.

Aber auf welche Weise hatte man ihn und andere weichgemacht? Obwohl wir auf der Stufenleiter der Macht sehr hoch standen, blieb das ein Geheimnis für uns. Mein Eindruck und der vieler anderer war, daß physische Folter allein bei diesen Leuten keine Wirkung gehabt hätte. Heute bezweifelt niemand mehr, daß physische Folter bei den Vernehmungen eine wesentliche Rolle gespielt hat, aber bei diesen großen Prozessen mußte die Erklärung woanders liegen, und zwar bei der seelischen Folter, über die später einiges durchgesickert ist.

Im Rußland Stalins war die Gesellschaftsordnung kollektiv, und kollektiv war auch die Verantwortung aller Gruppen. Man hatte Sinowjew, Kamenjew, Radek und ihren Mitangeklagten gesagt, daß keine Hoffnung auf Freispruch bestünde. Es war gleichgültig, ob die Dinge so lagen, wie sie es behaupteten oder wie es die Anklagebehörde behauptete; über ihr Schicksal war bereits auf höherer Ebene entschieden worden, und sie würden erschossen werden, gleichgültig was sie sagten. Doch einen Dienst könnten sie den Überlebenden noch erweisen. Wenn sie sich zu allem bekannten, dessen sie beschuldigt wurden, dann würde den Menschen, die ihnen nahestanden, nichts geschehen: ihren Frauen, Kindern, Vätern, Müttern und anderen Verwandten (deren Namen auf einer Liste standen, die während der Verhandlung verlesen wurde). Wenn ihnen überhaupt etwas am Schicksal ihrer Familien läge, dann mußten sie natürlich versuchen, ihnen diesen Dienst zu erweisen.

Wenn einer von ihnen erklärte, er könne sich auch mit Rücksicht auf das Schicksal seiner nächsten Verwandten nicht zu so scheußlichen Verbrechen bekennen, dann wurden seine Familienmitglieder vor seinen Augen erschossen, um zu zeigen, daß man ihn nicht mit leeren Drohungen geschreckt habe.

Ich persönlich habe damals geglaubt und glaube es noch heute, daß diese Geständnisse in erster Linie von dem Wunsch motiviert waren, die eigenen Verwandten zu schützen. Darüberhinaus hat auch der Ausschluß der Öffentlichkeit dazu beigetragen, den Widerstand der Angeklagten zu brechen. Sogar vor einem Tribunal wie dem Leipziger Reichsgericht in Nazideutschland hatte Dimitrow die Gelegenheit, vor der freien Presse der Welt seine Unschuld zu beteuern, andere zu beschuldigen und seinen Haßgefühlen gegenüber seinen Richtern freien Lauf zu lassen. Die Möglichkeit, seinen Heroismus für die Nachwelt zu demonstrieren, zu zeigen, daß er die Kraft besaß, bis zum Ende für die Gerechtigkeit zu kämpfen, hat seine Ausdauer und Entschlossenheit gestärkt, die Aufforderung zurückzuweisen, unsinnige Geständnisse abzulegen.

Aber in der Sowjetunion sagte man den Beschuldigten: „Ihr werdet keine Gelegenheit haben, der Welt irgend etwas zu erklären; im Gegenteil, ihr werdet sterben wie die Hunde, und wir werden der Welt sagen, daß ihr alles gestanden habt, dessen wir euch beschuldigen. Ist es also nicht besser, in einem öffentlichen Verfahren alles zu gestehen, was wir verlangen? Auf diese Weise werdet ihr eure Angehörigen retten und der Nachwelt wenigstens einen erträglichen Eindruck hinterlassen. Andernfalls werdet ihr nicht die Möglichkeit haben, vor der Öffentlichkeit aufzutreten."

Eine solche Logik mußte auch den stärksten Mann zermürben. Und doch waren die Opfer der Beschuldigten in den meisten Fällen vergeblich. Frauen und Kinder, Väter, Mütter und nahe Verwandte wurden verhaftet und manchmal sogar erschossen.

Ich sprach auch mit meinen russischen Freunden und Mitarbeitern über dieses Thema, doch ich mußte zugeben, daß diese Dramen die Russen nicht sehr zu interessieren schienen. Natürlich fürchteten sie sich, denn die Säuberungen hatten schon 1936 begonnen und 1937 ein solches Ausmaß erreicht, daß es kaum noch eine Familie gab, wo nicht einige Mitglieder verhaftet worden waren.

Bezeichnend für diese Zeit war eine Anekdote, die man sich hinter vorgehaltener Hand zuflüsterte: Fünf Familien leben in einer Moskauer Wohnung. Eines Nachts klopft es an die Wohnungstür. Alles wacht auf, aber niemand wagt die Tür zu öffnen. Das Klopfen wird lauter. Schließlich geht der Haushaltsvorstand an die Tür, öffnet eine Ritze, und die anderen hören ein leises Gespräch. Schließlich kehrt der Mann erleichtert zurück und verkündet: „Macht Euch keine Sorgen, Genossen, alles ist in Ordnung; in unserem Haus ist nur ein Feuer ausgebrochen."

Stellte man die direkte Frage: „Glauben Sie, daß Sinowjew oder Radek die gräßlichen Verbrechen wirklich begangen haben, die man ihnen zur Last legt?", dann bekam man zur Antwort: „Natürlich. Die sowjetische Justiz wird niemanden grundlos schuldig sprechen, geschweige denn einen Unschuldigen so schwer bestrafen."

Aber man spürte, daß diese Antwort nicht der aufrichtigen Überzeugung des Befragten entsprach, sondern er sie nur gegeben hatte, um nicht selbst in Verdacht zu geraten.

Natürlich hat der stalinistische Terror verheerend auf mich, meine Frau und viele andere Finnen gewirkt. Die erste typisch finnische Reaktion darauf war, daß sich so etwas nicht ertragen ließ. Es mußte etwas geschehen.

Als Gylling und Rovio verhaftet wurden, sagte ich Kuusinen, jetzt müßten wir etwas unternehmen. Ich verlangte, wir sollten um ein Gespräch mit Stalin nachsuchen.

Kuusinen überlegte lange und sagte dann, ich hätte vollkommen recht. Aber würde es etwas helfen? Wir würden die Welle des Terrorismus nicht aufhalten können.

„Ich bin mit diesem Terror durchaus nicht einverstanden", sagte er, „aber wenn wir hingingen, würden wir uns selbst der Gefahr aussetzen. Wir würden nur uns selbst schaden, der Sache aber nicht helfen können."

Zweifellos hatte er recht. Der aufrechte finnische Charakter hätte sich zum heroischen Selbstmord entschlossen. Mancher Finne hat das mit seiner energischen Reaktion getan. So erklärte zum Beispiel ein ehemaliger Minister in der karelischen Regierung vor Gericht, daß alle hier vorgelegten Dokumente gefälscht seien. Er wurde sofort anschließend erschossen.

Es gibt die verschiedensten Arten von Diktaturen, aber wenn die Diktatur absolut ist, dann hat auch ein Selbstmord keine Bedeutung mehr. Er kann nichts bewirken, sondern verschwindet wie ein Stein, den man in einen Brunnen geworfen hat. Wenn man für eine Überzeugung oder eine Sache Selbstmord verübt, dann muß es wenigstens so viel Bewegungsfreiheit geben, daß die Nachricht davon die Welt erreicht. Diese Möglichkeit gab es in Rußland nicht, weil der Aufschrei ungehört verhallte.

Der Kommunismus verschlingt seine Kinder

„Die UdSSR gewährt das Asylrecht ausländischen Bürgern, die dafür verfolgt werden, daß sie die Interessen der arbeitenden Menschen verteidigen, oder daß sie sich wissenschaftlich betätigen oder für die nationale Befreiung kämpfen."

So heißt es im Artikel 129 der Verfassung der Union der Sozialistischen Sowjetrepubliken.

Aber auch wenn sie diesen Verfassungsartikel nicht kannten, glaubten Kommunisten und revolutionäre Arbeiter bis Ende der 1930er Jahre, sie würden in der Sowjetunion Zuflucht unter Gleichgesinnten finden und dort wenigstens die Freiheit haben, sich an kommunistischen politischen Aktivitäten zu beteiligen. Während der beiden letzten Jahrzehnte der Herrschaft Stalins zeigte es sich jedoch, daß gerade die Sowjetunion der gefährlichste und ungesündeste Aufenthaltsort für Kommunisten war. Ich bin gewiß, daß in keinem anderen Land so viele Kommunisten irgendwelchen Säuberungen zum Opfer gefallen sind – und zwar sowohl was ihre Gesamtzahl betrifft als auch im Verhältnis zur Gesamtbevölkerung – wie in der Sowjetunion. Genaue Zahlen darüber, wieviele Menschen aus den Nachbarländern der Sowjetunion unter anderen in Konzentrationslagern leben, wieviele dort gestorben sind und wieviele einfach erschossen wurden, werden wahrscheinlich nie zur Verfügung stehen.

Schon in den Jahren 1936 bis 1938 hatten alle ausländischen Kommunisten, die in die Sowjetunion gekommen waren, das Gefühl, sie seien der GPU vollständig ausgeliefert. Sie konnten nie sicher sein, was am nächsten Tag mit ihnen geschehen würde oder ob sie das Land je wieder würden verlassen dürfen. Viele von ihnen waren damals aus halbdiktatorisch regierten Ländern wie Polen, Rumänien, Bulgarien, Jugoslawien, Estland, Lettland und Litauen in die Sowjetunion gekommen und hatten alle Brücken hinter sich verbrannt. In ihrer Heimat hatten sie keinen Zufluchtsort mehr, und wenn sie in Rußland verfolgt wurden, waren sie die wehrlosesten Menschen der Welt. Wenn es je einen Ort gegeben hat, für den die Inschrift paßte, „laß alle Hoffnung fahren, der du diese Grenze überschreitest", dann wäre es das Tor gewesen, durch das die Kommunisten die Sowjetunion betraten.

Das Leben war ein Glücksspiel von einem Tag zum anderen: Werde ich morgen noch frei sein, oder bin ich jetzt an der Reihe? Bei unseren täglichen Zusammenkünften beschäftigten wir uns mit langen Listen von Personen, die erst in den vergangenen Tagen in Verdacht geraten, aus der Partei ausgeschlossen oder in vielen Fällen schon verhaftet waren. Gegen diese Personen wurden die phantastischsten Vorwürfe erhoben, und ob sie nun vom Balkan, aus einem baltischen Land oder aus Finnland stammten, die Vorwürfe waren sehr ähnlich.

Das Mißtrauen und die Verfolgungen richteten sich besonders gegen die oberste Führungsschicht der Kommunistischen Parteien, die Mitglieder der Zentralkomitees. Einige Nachbarländer der Sowjetunion hatten die Zentralkomitees ihrer kommunistischen Parteien in Moskau in unmittelbarer Nähe der Komintern, und ihre Spitzenfunktionäre lebten in Rußland. Nur zweitrangige Parteiführer und andere beschäftigten sich mit der praktischen Parteiarbeit und waren in ihren Heimatländern zurückgeblieben, weil für die führenden Persönlichkeiten ständig die Gefahr bestand, verhaftet zu werden. Da die Kommunistische Partei überall auf dem Balkan, in allen baltischen Ländern sowie in Polen und Finnland verboten war, konnten ihre Führer dort nichts ausrichten und befanden sich in Moskau. Während dieser Jahre – besonders 1937 und 1938 – wurden die Zentralkomitees der kommunistischen Parteien aller Nachbarstaaten ebenso wie die meisten Parteimitglieder liquidiert.

Während dieser Jahre der großen Säuberungen wurde das Präsidium der Komintern immer wieder kurzfristig zusammengerufen, um zu hören, daß diese oder jene Persönlichkeit als Verräter und Feind des Volkes entlarvt worden sei. Wir lebten wie in einem Alptraum. Auch viele Mitglieder des Präsidiums waren in dem Strudel mitgerissen worden und hatten das Schicksal Sinowjews, Kamenjews, Tuchatschewskijs, Rykows und anderer teilen müssen, und wer noch verschont geblieben war, mußte täglich damit rechnen, daß die Glocken des Kreml jetzt auch für ihn die letzte Stunde einläuten würden.

Eine dieser ominösen Präsidiumssitzungen fand im Frühjahr 1937 statt. Gleich zu Beginn erklärte Georgi Dimitrow, der den Vorsitz führte, lakonisch, daß der Fall Bela Kun behandelt werden und der Kominternsekretär Manuilski, der Verbindungsmann zwischen der Komintern und Stalin, ihn vortragen würde.

Darauf begann Manuilski ein Schriftstück zu verlesen, und nach einigen Abschnitten fragte er: „Erkennt der Bürger Bela Kun das wieder?"

Daß Manuilski das Wort „Bürger" gebrauchte, schien Bela Kun wie ein elektrischer Schock zu treffen. Wenn in dieser Situation das Wort „Genosse" durch das Wort „Bürger" ersetzt wurde, dann bedeutete das so viel wie ein Todesurteil. Bleich und schwankend stammelte Bela Kun: „Ich erkenne es wieder; es ist ein Rundschreiben, das ich für in Ungarn arbeitende Kommunisten geschrieben habe."

„Gut", sagte Manuilski und fuhr fort, daraus vorzulesen.

An einer Stelle kritisierte Bela Kun die Tätigkeit der Komintern recht scharf und behauptete unter anderem, die Kommunistische Partei der Sowjetunion sei in der Komintern nicht wirkungsvoll vertreten.

Nachdem er diesen Abschnitt vorgelesen hatte, fragte Manuilski wieder: „Hat der Bürger Bela Kun auch das geschrieben?"

„Das habe ich", antwortete Bela Kun zögernd, als fürchte er, daß sich jetzt etwas Furchtbares ereignen werde.

„Gut", sagte Manuilski. „Der Bürger Bela Kun weiß wahrscheinlich auch, daß die Kommunistische Partei der Sowjetunion in der Komintern vom Genossen Stalin vertreten wird."

Nun konnte sich Bela Kun nicht mehr beherrschen. Er sprang auf und schrie: „Das ist eine elende Verschwörung! Ich habe nicht den Genossen Stalin gemeint, sondern Sie, Manuilski, und Moskwin, die Sekretäre und dazu schlechte Bolschewiken sind. Ich weiß, daß Stalin ebenso wie Schdanow und Jeschow Mitglied des Präsidiums ist, aber sie nehmen nur selten an den Sitzungen teil. Sie sind gute Bolschewiken, die besten der Welt, aber Sie, Manuilski, sind überhaupt kein Bolschewik. Schon in der Emigration hat Lenin Sie einen ›Gottsucher‹ genannt."

Dieser Angriff ließ Manuilski erröten. Auch er verlor die Ruhe, bemühte sich die Haltung zu wahren und sagte sarkastisch: „Ein so großer Führer, wie es der Bürger Bela Kun von sich behauptet, würde kaum seine Munition für einen so kleinen Vogel verwenden, wie ich es bin. Aber der Genosse Stalin ist für ihn ein lohnenderes Ziel, und auf ihn wird in diesem Rundschreiben angespielt."

Manuilski, einer der bissigsten und scharfzüngigsten Redner in der Komintern, steigerte seine Ansprache zu einer wütenden Anklage und behauptete, auch schon früher habe sich Bela Kun schwerwiegender Abweichungen schuldig gemacht.

Bela Kun, der die ganze Zeit vergeblich versucht hatte,

Manuilski zu unterbrechen, war aufgestanden, fuchtelte mit den Armen in der Luft herum und unternahm schließlich den letzten Versuch, sich zu verteidigen. Auch er war ein brillanter Redner, ein echter Volkstribun, und nun, da er erkannte, daß seine Tage gezählt waren und das Urteil schon gesprochen war, brüllte er wie ein tödlich verwundeter Löwe.

„Das ist eine abscheuliche Provokation, eine Verschwörung, mich ermorden zu lassen. Aber ich schwöre, daß ich den Genossen Stalin nicht verletzen wollte. Ich will dem Genossen Stalin persönlich alles erklären."

Ich und die anderen Präsidiumsmitglieder, die mit dem Fall nicht vertraut waren, wußten nicht, ob Bela Kun tatsächlich die Absicht gehabt hatte, auch den Ruhm Stalins zu verdunkeln. So wurde die Angelegenheit wenigstens interpretiert. An der Sitzung nahmen außer Dimitrow und Manuilski auch die Präsidiumsmitglieder Kuusinen, Togliatti, Pieck, Gottwald, Florin, Wang Ming und ich sowie als Gast Professor Varga teil.

Schweigend und entsetzt verfolgten wir, wie dieser große und mächtige Volkstribun um sein Leben kämpfte und sein Henker ihm gezielte, tödliche Schläge versetzte. Niemand wagte es, etwas für oder gegen ihn zu sagen, und das war auch gar nicht möglich. Bei dieser und bei allen anderen ähnlichen Gelegenheiten wurde nicht abgestimmt.

Als das Duell zu Ende war, läutete Manuilski mit einer Glocke, erklärte die Diskussion für beendet und verkündete, daß der Fall des Bürgers Bela Kun von einem aus drei Mitgliedern bestehenden Komitee untersucht werden würde. Bis das geschehen sei, sei er aus allen vertraulichen Aktivitäten der Ungarischen Kommunistischen Partei und der Komintern ausgeschlossen.

Die Sitzung war zu Ende. Bela Kun durfte abtreten, aber als er durch die Tür ging, wurde er von zwei GPU-Männern festgenommen. Man hat nie wieder etwas von ihm gehört, und sein Fall ist auch nicht mehr vom Präsidium der Komintern behandelt worden. Es verlautete nur gerüchteweise, man habe ihn erschossen.

Schon nach wenigen Tagen ereilte alle anderen Mitglieder des Zentralkomitees der Ungarischen Kommunistischen Partei, soweit sie sich in Moskau befanden, das gleiche Schicksal. Soweit ich weiß, haben nur wenige die Säuberung überlebt, aber alle wurden verhaftet und in irgendwelche abgelegenen Teile der Sowjetunion verbannt.

Erst Jahre später, im Februar 1956, wurde Bela Kuns Name in einem langen Artikel in der *Prawda* noch einmal erwähnt; hier wies sein Landsmann, Professor Varga, nach, daß er zu den zahllosen unschuldigen Opfern Stalins gehörte. Bela Kun wurde „rehabilitiert", wie es in der Fachsprache heißt, aber nicht einmal Varga konnte – oder durfte – sagen, wann und wo Bela Kun erschossen worden war und welcher offizielle Anklagepunkt das Todesurteil begründet hatte.

Bezeichnend für die damals herrschenden Verhältnisse war auch die Liquidierung der Führung der Polnischen Kommunistischen Partei, die ebenfalls 1937 stattfand. Die Polnische Kommunistische Partei gehörte zu den in der Komintern zahlenmäßig am stärksten vertretenen Parteien. Ihre Führer waren alte Kommunisten. Viele von ihnen hatten sich schon vor der Gründung der Komintern einen Namen gemacht, zur Zarenzeit im Untergrund gearbeitet, und einige von ihnen wie zum Beispiel der bekannte Kommunist Walecki waren sogar mit Trotzki und Lenin in Sibirien gewesen, wo sie die Bolschewiken der alten Garde kennengelernt hatten.

Doch trotz seines Alters und seiner Verdienste stand Walecki nicht an der Spitze der polnischen Partei. Diese Stellung nahm Lenski ein, ein geachteter und bekannter Kommunist, der in Rußland und in der Komintern hohes Ansehen genoß. Zur Parteiführung gehörte auch Bronkowski, ein alter Bolschewik und Untersekretär der Komintern, der bis 1935 für die baltischen Länder verantwortlich gewesen war. Auch Finnland unterstand seiner Aufsicht, und das bedeutete, daß er eine Zeitlang auch Chef der finnischen Partei gewesen war. Der vierte angesehene Pole war Krajewski.

Sie nahmen alle vier hohe Stellungen ein. Krajewski war Chef der Kaderabteilung der Komintern, insofern ein äußerst wichtiger Posten, als er innerhalb seines eigenen Sektors die Befugnis hatte, die Festnahme oder Freilassung einzelner Personen zu befehlen.

Im späten Frühjahr 1937 wurde das Präsidium der Komintern wieder ohne Vorwarnung zusammengerufen, wie das auch bei der Behandlung des Falles Bela Kun geschehen war. Wir vermuteten, daß auch diesmal irgendeine Schurkerei aufgedeckt worden war, und bereiteten uns darauf vor, die Standardbeschuldigungen anhören zu müssen. Die Tatsache, daß kein polnisches Mitglied des Präsidiums erschienen war, überraschte uns, und einen Augenblick danach hatten wir Grund genug, noch mehr überrascht – überrascht und erschüttert zu sein.

Dimitrow setzte sich auf den Stuhl des Vorsitzenden, wir nahmen unsere Plätze ein, und Manuilski ergriff das Wort:

„Genossen! Ich muß Ihnen eine so schwarze, schmutzige und unglaubliche Geschichte erzählen, wie Sie es sich nicht vorstellen können. 1920, als unsere tapfere Rote Armee vor den Toren von Warschau stand, ergab sich ihr plötzlich ein ganzes polnisches Regiment mit siebenhundert Mann. Das Regiment wurde freudig empfangen, denn viele seiner Soldaten, zu denen auch einige Kommunisten gehörten, sympathisierten mit dem sowjetischen System, und so blieb das Regiment geschlossen in der Sowjetunion. Viele seiner Angehörigen traten in die Rote Armee ein, einige als Offiziere, andere als Politkommissare, und wieder andere erhielten im sowjetischen Apparat leitende Positionen. Es war verständlich, daß das Überwechseln auf unsere Seite unter solchen Umständen großes Vertrauen weckte; die Vergangenheit dieser siebenhundert Mann wurde nicht untersucht.

Wir gerieten in die Falle – gerade wie es der hinterhältige Feind geplant hatte." Manuilski, ein geschickter Redner, machte eine Pause. Die Geschichte hatte uns mitgerissen, und wir warteten gespannt auf das, was nun kommen sollte.

„Unsere Feinde haben uns schon die verschiedensten Fallen gestellt, aber noch nie eine so hinterhältige und gefährliche. Wer hätte vermuten können, daß diese siebenhundert Mann besonders ausgewählte und ausgebildete Spione waren – eine ganze Armee von Spionen, die an wichtigen Stellen Fuß fassen konnten, wo sie siebzehn Jahre lang ungestört ihre schmutzige Arbeit taten? Und wer stand hinter diesem feigen Trick? Natürlich der sozialistische Renegat Pilsudski!"

Unser Staunen kannte keine Grenzen mehr, als Manuilski erklärte, zu diesen siebenhundert Mann gehörten auch einige Mitglieder des Zentralkomitees der Polnischen Kommunistischen Partei, und auch Lenski und Bronkowski seien Spione. Deshalb habe man keine andere Wahl gehabt, als die oberste Führung der Partei zu verhaften, und das sei bereits geschehen.

Damit hatte man das Verfahren wesentlich vereinfacht. Während Bela Kun bei der Anklageerhebung gegen ihn dabei sein durfte, wurden die Polen ohne jede öffentliche Anhörung verurteilt, obwohl sie führende Mitglieder der Komintern waren, zwei beim Präsidium und zwei beim Kontrollkomitee. Dimitrows feierliche zusammenfassende Ansprache, mit der die kurze Sitzung zu Ende ging, konnte nur als Urteilsspruch aufgefaßt werden. Wir konnten seinen Worten auch entnehmen, daß die anderen siebenhundert Polen, soweit man sie gefunden hatte oder sie noch am Leben waren, ebenfalls verhaftet worden waren.

Das Präsidium der Komintern brachte seine tiefe Abscheu vor einem derartigen Verrat zum Ausdruck und forderte alle Parteiführer auf, Augen und Ohren offenzuhalten, um zu vermeiden, daß es auch in anderen Parteien zu ähnlichen Vorkommnissen käme.

Es geschah aber doch. Nur wenige Monate nach der polnischen Affäre war die estnische Partei an der Reihe.

Nachdem Estland unabhängig geworden war, gab es dort zwei große Namen in den kommunistischen Kreisen des Landes, Kingisepp und Anvelt. Nachdem estnische Grenzposten Kingisepp Anfang der 1920er Jahre an der russischen Grenze erschossen hatten, blieb Anvelt als einziger Parteiführer am Leben und nahm in der estnischen Partei eine verhältnismäßig bedeutendere Stellung ein als etwa Kuusinen in der finnischen. Ich kannte ihn sowie die ganze Führung der estnischen Partei sehr gut. Ich hatte oft mit ihm zu tun und hielt ihn für einen begabten, umgänglichen und gerechten Mann.

Man hatte ihm wichtige Aufgaben anvertraut. Im Bezirk Leningrad nahm er hohe sowjetische Posten ein. Soweit ich weiß, war er ein einflußreicher Mann in der Leningrader GPU. Seit Anfang der 30er Jahre bekleidete er führende Positionen in der Komintern, und gerade zu dieser Zeit war er Vorsitzender der Kontrollkommission der Komintern – mit anderen Worten, er war Vorsitzender des Internationalen Tribunals. Man konnte ihn auch als Chef der GPU der Komintern bezeichnen, da es seine Aufgabe war, alle politischen Abweichungen in den kommunistischen Parteien, Verstöße gegen die Parteidisziplin und Spionagefälle zu untersuchen. Er war ein sehr mächtiger Mann, denn er konnte Anklage gegen jede Partei erheben, die durch ihr Verhalten die Führung der Gesamtpartei geschädigt hatte. Er wußte eine Menge über die Schurkereien Stalins und seiner Kreaturen; deshalb war er gefährlich.

So wurde seine Liquidierung auf einer Sitzung des Präsidiums der Komintern im Schnellverfahren beschlossen. Es wurde verkündet, er sei an den Aktivitäten der Feinde der Sowjetunion beteiligt und habe in den hohen Stellungen, die er über fast zwei Jahrzehnte bekleidete, schweren Schaden angerichtet. Das war die ganze Urteilsbegründung. Zugleich wurde erklärt, das Zentralkomitee der Estnischen

Kommunistischen Partei sei ebenfalls in diese Machenschaften verwickelt. Anvelts engster Mitarbeiter, Allas, leitete die praktische Arbeit der estnischen Partei in einem kleinen Büro in unmittelbarer Nachbarschaft des Büros der finnischen Partei. Er war ein stiller Mann, litt an Tuberkulose und konnte nur durch eine Lungenkollapstherapie am Leben erhalten werden. Er und drei oder vier andere estnische Parteiführer in Moskau wurden zusammen mit Anvelt verhaftet.

Zugleich und ohne großes Aufsehen wurde auch die ganze Führungsmannschaft der litauischen Partei liquidiert. Ein in den Kreisen der Komintern bekannter Mann war der litauische Jude Angaretis, der besonders durch seinen schönen grauen Vollbart auffiel. Auch er war Mitglied des Kontrollkomitees und Anvelts Assistent. So wurde er zusammen mit den anderen Mitgliedern des Zentralkomitees seiner Partei verhaftet und der Spionage angeklagt. Angeblich waren sie alle Werkzeuge des damaligen halbfaschistischen Diktators von Litauen, Smetona.

Das dritte baltische Land, Lettland, hatte keinen beachtenswerten Vertreter in der Komintern, und so erfolgte die Liquidierung der lettischen Parteiführung fast unbemerkt.

Eine Ausnahme unter den Ländern, deren kommunistische Führer in der Sowjetunion lebten, war Bulgarien, denn wenigstens Dimitrow und sein treuer Gefolgsmann Kolarow hatten ihr Leben retten können und nahmen nach dem Umsturz sogar hohe Positionen ein. Sie behielten diese Stellungen allerdings nur kurze Zeit – bis sie unter fragwürdigen Umständen starben. Auch ein Teil der jugoslawischen Führer war liquidiert worden, aber einige Parteimitglieder konnten sich retten, unter ihnen Tito, dem es gelungen war, die Sowjetunion 1936 zu verlassen, bevor Stalins Terror seinen Höhepunkt erreichte.

Ein alter Kommunist in Ungarn, Rákosi, ist dem Hinrichtungskommando Stalins nur entgangen, weil er damals nicht in Rußland war, sondern bei Horthy im Gefängnis saß.

In Rumänien entging die sogenannte „rote Anna" Pauker ihrem Schicksal ebenso wie Rákosi, aber die führenden rumänischen Kommunisten in Rußland sind nicht nach Rumänien zurückgekehrt. Die gleiche Geschichte wiederholte sich überall von der Küste des Mittelmeers bis zur Arktis entlang der Westgrenze der Sowjetunion. Gut ausgebildete und bewährte politische Führer, die erfolgreich für die Partei gearbeitet hatten, schmachteten – wenn sie noch am Leben waren – in russischen Gefängnissen, während kleinbürgerliche und bürgerliche Emporkömmlinge diese Länder als Befehlsempfänger der Sowjetunion regierten und noch regieren.

Natürlich erhebt sich die Frage, was die GPU mit der Liquidierung gerade der Gruppe erreichen wollte, die wahrscheinlich am loyalsten gewesen wäre, als die Grenzen der Sowjetunion nach Westen verschoben wurden. Wir, die wir den Terror aus unmittelbarer Nähe beobachteten, stellten uns diese Frage, und sie stellt sich jedem, der sich eingehender mit diesem Problem beschäftigt. Es gibt darauf nur eine logische Antwort: Stalin fürchtete, daß diese alten Führer der Arbeiterbewegung, von denen sich viele schon lange vor Entstehen der Komintern und der Sowjetunion als Revolutionäre ausgezeichnet hatten, sich nicht für seine politischen Ziele würden einspannen lassen. Schon damals muß er an die Möglichkeit einer Zusammenarbeit mit Hitler-Deutschland gedacht haben und hat deshalb diese Hindernisse beseitigt, denn Parteiführer wie Lenski und Bronkowski hätten der Aufteilung Polens zwischen Rußland und Deutschland niemals freiwillig zugestimmt. Stalin fürchtete, die alte Garde werde seine ideologischen Manöver nicht verstehen und nicht bereit sein, seinem großrussischen Imperialismus als Vasallen zu dienen. Offenbar rechnete er damit, daß die Politik Hitlers unweigerlich zu einem Krieg im Westen führen werde, und daß er dann als Gegenleistung für seine Neutralität die Gelegenheit erhalten würde, das Territorium der Sowjetunion friedlich auszuweiten. Daher war es notwendig, die Männer, deren Prestige seinen ehrgeizigen Plänen im Wege stehen könnte, zu liquidieren, bevor es zu spät war. Seine Ziele ließen sich leichter mit neuen Gesichtern erreichen. Selbstverständlich hat niemand – am wenigsten Stalin selbst – wirklich geglaubt, daß aus diesen alten, bewährten und treuen Kommunisten plötzlich Feinde des Kommunismus und Verräter ihrer eigenen Sache geworden seien. Nicht einmal auf den Sitzungen der Komintern wurde der Versuch unternommen, die Glaubwürdigkeit der Anschuldigungen durch die Vorlage stichhaltiger Beweismittel zu untermauern.

Der Terror beschränkte sich nicht nur auf die unmittelbar an der Grenze der Sowjetunion gelegenen Länder. Auch die Deutschen bekamen ihn zu spüren, denn es wäre den deutschen Kommunisten noch schwerer gefallen als den anderen, die Verbrüderung mit Hitler zu akzeptieren. Sehr viele Mitglieder des Zentralkomitees der deutschen Partei waren in Rußland. Die einzigen, die sich retten konnten, waren Wilhelm Pieck und sein Assistent Ulbricht, während ein so bekannter Mann wie Remmele, ein Mitbegründer der Komintern, und der noch bedeutendere Heinz Neumann spurlos verschwanden. Heckert, ein angesehenes Mitglied des Exekutivkomitees der Komintern, kam in Moskau unter Umständen ums Leben, die den Verdacht rechtfertigten, auch er sei nicht eines natürlichen Todes gestorben, obwohl man ihm eine besonders feierliche Beisetzung gewährte – oder vielleicht hat man das gerade deshalb getan. In den Jahren 1937 bis 1938 ging die Verfolgung deutscher Kommunisten mit besonderer Intensität weiter, denn die GPU glaubte oder gab vor zu glauben, jeder Deutsche sei ein Spion Hitlers.

Wenn die liquidierten ausländischen Kommunisten nahe Angehörige hinterließen – viele hatten Frau und Kinder –, dann behandelte die GPU sie, als seien sie Russen. Die Frau mußte ihren Mann verfluchen, ihn als den schlimmsten Verräter und Faschisten verdammen, den es je gegeben habe, und die strengste Bestrafung, das Exekutionskommando, für ihn verlangen. Tat sie es nicht, dann durfte sie nicht damit rechnen, ihre Freiheit zu behalten. Und die Atmosphäre war so bedrückend, daß die meisten die ihnen am nächsten stehenden und liebsten Menschen freiwillig oder schon auf ganz geringen Druck verleumdeten und beteuerten, nie wieder etwas mit diesem Schurken zu tun haben zu wollen.

Mindestens zwanzigtausend Finnen wurden in russische Konzentrationslager verschickt. Ein entsprechender Prozentsatz von Kommunisten aus den anderen an die Sowjetunion grenzenden Ländern kamen um, aber ich glaube, bei den Letten und Litauern war die Zahl der Opfer noch größer. Bei den Polen müssen es Hunderttausende gewesen sein. Die Menschheitsgeschichte kennt viele Gewaltherrscher, die eine blutige Spur hinterlassen haben. Die von Dschingis Khan und Timur Lenk errichteten Pyramiden aus Totenschädeln erfüllen einen mit Grausen; die Scheiterhaufen, auf denen die katholische Inquisition die Ketzer verbrannte, sind abstoßend und fürchterlich, und die Geschichte Finnlands berichtet von den entsetzlichen Massenhinrichtungen des dänischen Königs, Christian des Tyrannen. Aber alle diese verabscheuungswürdigen Verbrechen der Geschichte verblassen neben den von Stalin befohlenen Liquidierungen; nur die Greueltaten der Nazis mit ihren Gaskammern und anderen Massenmorden lassen sich mit seinen unmenschlichen Brutalitäten vergleichen. Das Mitglied der sowjetischen Akademie der Wissenschaften Andrei Sacharow ist überzeugt, daß „nicht weniger als fünfzehn bis zwanzig Millionen Sowjetbürger“ in Stalins Gefangenenlagern erschossen oder auf andere Weise umgebracht worden sind. *

---

* Andrei D. Sacharow, Wie ich mir die Zukunft vorstelle, Zürich 1968, Seite 40 bis 41.

Fassaden

Stalin hat viele sehr wirkungsvolle Propagandamethoden angewendet, aber die wirkungsvollste war vielleicht die Einladung ausländischer Delegationen und Touristen in die Sowjetunion und die ihnen dort erwiesene Gastfreundschaft. Schon bald nach der Machtübernahme durch die Sowjets hat sich das als eine sehr erfolgreiche und wichtige Form der Propaganda erwiesen, die von den Bolschewiken mit großem Geschick gehandhabt wurde.

Jedes Land wirbt mit ähnlichen Methoden. Man zeigt Touristen und ausländischen Delegationen alles Positive, was einen günstigen Eindruck von dem betreffenden Land vermitteln kann, wenn möglich einen Eindruck, der besser ist als die Wirklichkeit. Aber soweit ich weiß ist das in keinem anderen Land zu einer regelrechten Wissenschaft entwickelt worden, und kein anderes Land hat es in dem Maß wie die Sowjetunion unter Stalin als eine unbedingt notwendige Form der Propaganda gebraucht.

Es gibt zahllose sowjetfeindliche Bücher, aber wenigstens ebenso viele, die den Sowjetstaat in einem günstigen Licht erscheinen lassen, beschönigende Berichte verfaßt von den Touristen und Beobachtern, die in die Sowjetunion eingeladen wurden und ihre Gastfreundschaft genossen haben. Beachtenswerte Bücher sind besonders in den größeren Ländern Großbritannien, den Vereinigten Staaten, Deutschland und Frankreich veröffentlicht worden, Bücher, die sich um Objektivität und wissenschaftliche Exaktheit bemühen und von der Presse, der Propaganda und den Schulen dieser Länder als Quellenmaterial benutzt werden. Die Bolschewiken haben festgestellt, wenn sie ein paar Tausend Rubel für die Bewirtung einer Delegation ausgeben, können sie dafür das Hundert- oder sogar Tausendfache an Propagandawert gewinnen. Wollte man auf diplomatischem Wege die gleichen Erfolge erzielen, dann wäre das sehr viel teurer, aber nicht annähernd so wirkungsvoll.

Diese Ausländerführungen und das Organisieren von Delegationen hat inzwischen einen so hohen Standard erreicht, daß selbst ein aufmerksamer und erfahrener Beobachter kaum unehrlich sein muß, wenn er die Errungenschaften der Sowjetunion lobt. Er braucht nicht zu lügen, denn er berichtet nur von dem, was er zu sehen bekommt.

Ich habe 1927 meine eigenen Erfahrungen gemacht, als ich mit einer großen Arbeiterdelegation zwei Wochen in der Sowjetunion war. Als absolut zuverlässiger Kommunist und Mitglied der Finnischen Kommunistischen Partei, deren Führer ich war, hätte ich mich im ganzen Lande frei bewegen können und nicht ständig bei meiner Delegation bleiben müssen, die zur Hälfte aus Kommunisten und zur Hälfte aus Sozialdemokraten bestand.

Nachdem man uns zwei Wochen lang die Sehenswürdigkeiten in Leningrad und Moskau gezeigt hatte, hatten alle fünfundsiebzig Teilnehmer einen positiven Eindruck. Alle – besonders die Sozialdemokraten – sagten, was sie gesehen hätten, überträfe bei weitem ihre Erwartungen. Mein Glaube wurde wesentlich gestärkt, denn, was wir sahen und hörten, war erstklassig, und die wenigen negativen Dinge ließen sich leicht erklären und verstehen.

Als ich dann von 1933 an selbst in Rußland lebte und diese Gruppenreisen genauer beobachten und sogar die Programme für finnische, schwedische und norwegische Delegationen zusammenstellen konnte, wurde das schöne Bild aus dem Jahr 1927 sehr bald zerstört. Schon die

Gründlichkeit, mit der diese Reisen organisiert wurden, vermittelte den Eindruck, daß nicht die Absicht dahinterstand, die wirklichen Verhältnisse zu zeigen. Sofort drängte sich mir ein historisches Beispiel auf, denn auch ich kannte die Geschichte von dem Fürsten Potemkin und den eindrucksvollen künstlichen Dörfern, die er hatte bauen lassen, um Katharina die Große auf ihrer Inspektionsreise zu täuschen. Erst jetzt erkannte ich, daß die Geschichte wahr sein konnte.

Zunächst müssen wir wissen, daß kein Einzelreisender und keine Delegation nur deshalb in die Sowjetunion reisen konnte, um das Land kennenzulernen. Die meisten von ihnen hatten eine direkte Einladung, aber auch diejenigen, die auf eigene Initiative kamen, erhielten die Einreiseerlaubnis erst nach langen Verzögerungen, damit die notwendigen Vorbereitungen getroffen werden konnten. So war es wenigstens zur Zeit Stalins.

Wenn besonders wichtige Entscheidungen in der sowjetischen Außenpolitik bevorstanden, bemühte man sich darum, die Vertreter ausländischer Zeitungen zu einer Reise in die Sowjetunion zu bewegen. Die politische Entscheidung sollte in manchen Fällen erst ein halbes Jahr später erfolgen. Manchmal wurden die Delegationen eingeladen, während irgendeine Kampagne veranstaltet wurde. Mit anderen Worten, hinter jeder Einladung stand ein bestimmter Zweck. Ich weiß von keinem einzigen Fall, in dem eine Delegation nur eingeladen wurde, um die gesellschaftlichen, kulturellen oder wissenschaftlichen Errungenschaften kennenzulernen.

Wenn signalisiert wurde, daß irgendwo in der Propagandamauer ein Riß entstanden war – die sowjetische Botschaft in Helsinki unterrichtete Moskau davon, daß weite Kreise in Finnland bestimmte unfreundliche Dinge über die Sowjetunion sagten –, dann erhob sich sofort die Frage, wie sich dieser Mißstand beheben ließe. Das Problem wurde über das sowjetische Außenministerium dem Zentralkomitee der Finnischen Kommunistischen Partei in Moskau vorgelegt, und wir begannen sofort mit unseren Überlegungen, auf welche Weise man vorgehen müsse, um die Schwachstelle zu beseitigen.

So war es auch unsere Initiative, die zur Einladung einer Delegation finnischer Journalisten führte. Während ihres dreiwöchigen Aufenthalts genossen sie die denkbar großzügigste Gastfreundschaft, und nach ihrer Rückkehr schrieben sie sowohl in der bürgerlichen als auch in der sozialistischen Presse die schönsten und freundlichsten Berichte.

Wir planten in allen Einzelheiten, wie jeder Gast behandelt werden sollte. Wer war ein besonderer Liebhaber des Wodka, wer schätzte feinere Spirituosen, und wer ließ sich eher durch nichtalkoholische Getränke betören? Wichtige Persönlichkeiten wurden besonders hofiert. Wir stellten die Errungenschaften in der Sowjetunion in einem möglichst attraktiven Licht dar und gaben unseren Gästen zunächst vorsichtig, dann aber auch ganz offen bestimmte Aufträge, die sie in Finnland erfüllen sollten. Der Besuch von Professor Väinö Lassila war für die bolschewistische Propaganda einer der erfolgreichsten. Zu unserer Überraschung stellten wir fest, daß er durchaus kommunistischeAuffassungen vertrat und bereit war, der Sowjetunion gewisse Dienste zu leisten. Kuusinen und ich legten seine Aufgaben im einzelnen fest. Er sollte unter den Studenten seiner Universität kommunistische Zellen organisieren. Außerdem erhielt er einen wichtigen Auftrag in der Liga für Menschenrechte.

Bei der Planung solcher Programme achteten wir stets darauf, daß jeder den Eindruck hatte, selbst entschieden zu haben, was er sehen wolle. Wir konnten unseren Besuchern nicht sagen, wir hätten für einen bestimmten Tag schon alles vorbereitet. Vielmehr mußten wir sie fragen, was sie zu sehen wünschten. Natürlich hatten die Teilnehmer an den Besichtigungen die verschiedensten Vorschläge. Bei einer aus sechzig bis siebzig Personen bestehenden Gruppe waren es vielleicht zehn bis zwanzig. Der Fremdenführer hörte sich das ganz demokratisch an und sagte dann etwa: „Wir können alle Ihre Wünsche im großen und ganzen erfüllen. Aber natürlich können wir nicht jeden einzelnen Gast zur Besichtigung eines Krankenhauses, einer Kolchose oder eines Theaters begleiten. Wir müssen kleinere Gruppen bilden, die vielleicht aus drei Personen bestehen."

Das klang so außerordentlich demokratisch, daß niemand mehr verlangen konnte, denn so wurde fast jeder Wunsch berücksichtigt. In Wirklichkeit war jedoch alles schon im voraus bestimmt. Jede Gruppe besuchte die Sehenswürdigkeiten, die wir ausgesucht und auf diesen Besuch vorbereitet hatten. In Leningrad waren das etwa die Putilow-Stahlwerke und die Treugolnik-Gummifabriken, in Moskau die große Stalin-Automobilfabrik oder die Kaganowitsch-Kugellagerfabrik. Die Touristen wurden stets in eine Abteilung geführt, die für diese Gelegenheit besonders hergerichtet worden war. In den Werkhallen herrschte eine vorbildliche Ordnung, der Arbeitsablauf hätte nirgends besser rationalisiert sein können, und die Speise- und Ankleideräume der Arbeiter machten den besten Eindruck.

In der ganzen großen Fabrik herrschten solche Zustände wahrscheinlich nur in dieser Abteilung, und es kam sehr selten vor, daß ein Besucher die ganze riesige Fabrik besichtigen wollte. Die Arbeiter, mit denen die Touristen in Berührung kamen, waren vorher genau instruiert worden. Gewöhnlich übernahm der Direktor der Fabrik oder ein dafür besonders ausgewählter Spezialist die Führung, und diese Leute wußten genau, wie sie sich verhalten sollten. Wenn irgend jemand mit den Arbeitern sprechen wollte, dann ließ sich das ohne weiteres arrangieren. Sofort wurde ein Arbeiter aufgefordert vorzutreten. Wenn sich der Besucher jedoch für besonders schlau hielt und nicht mit dem Arbeiter sprechen wollte, den ihm der Führer vorschlug, dann schadete das nichts, denn alle Arbeiter in dieser Abteilung waren an solche Besichtigungen gewöhnt und wußten, was sie antworten sollten. Sie vermittelten den Fragestellern ein glänzendes Bild von den Löhnen, den Lebensbedingungen, der Sozialversicherung und anderen Einrichtungen zugunsten der Belegschaft. Jeder Arbeiter schien so gut unterrichtet zu sein, daß die Besucher über das hohe Niveau der sowjetischen Arbeiter nur staunen konnten.

In den Kolchosen und Krankenhäusern war es die gleiche Geschichte. Nur Modellbetriebe wurden gezeigt. In den Kinderheimen führten hochbegabte drei- und vierjährige kleine Musiker Konzerte auf, und der Fremdenführer erklärte, es seien die Kinder von Arbeitern in dieser Fabrik oder in diesem Bezirk. In Wirklichkeit waren es musikalische Wunderkinder. Ich selbst habe diese Gruppen mehrmals begleitet und die Konzerte arrangiert, und es war wirklich unmöglich, von solchen Leistungen nicht begeistert zu sein. Die unschuldigen Ausländer waren es natürlich noch viel mehr, und viele von ihnen hatten den Eindruck, die ganze Sowjetunion sei ein solches Kinderparadies. Damit war unser Ziel erreicht.

In jeder Besuchergruppe äußerte irgend jemand den Wunsch, ein Gefängnis zu besichtigen, und auch das ließ sich arrangieren. In den Gefängnissen, die gezeigt wurden, herrschte vorbildliche Ordnung und eine erstaunlich weitgehende Selbstverwaltung. Die Gefangenen fühlten sich hier wohler als die freien Arbeiter in den kapitalistischen Ländern. Alles war so glänzend eingerichtet, daß niemand mehr entlassen werden wollte.

Im Sommer 1935 kam eine große Touristengruppe aus Finnland für zehn Tage in die Sowjetunion und hielt sich die Hälfte dieser Zeit in Leningrad und die andere Hälfte in Moskau auf. Bevor die Gruppe Finnland verließ, war sie streng ausgesiebt worden. Ihr gehörten viele Persönlichkeiten aus der Arbeiterbewegung an, Sozialdemokraten und Kommunisten, die ich schon seit langer Zeit kannte. In Leningrad wurden die Gäste im Hotel Europa untergebracht. Einen Tag vor ihrer Ankunft fuhren Sirola und ich nach Leningrad und nahmen uns ein Zimmer im gleichen Hotel. Als die hungrigen Gäste im Speisesaal erschienen, saßen wir beim Essen an einem Tisch, wo man uns nicht übersehen konnte. Sie wußten nicht, wie Sirola aussah, aber es dauerte nicht lange, bis irgend jemand mich erkannte.

„Da ist doch Poika Tuominen!“

Zwei Männer, beides alte Bekannte, kamen freudig erregt zu uns herüber. „Was tun Sie hier?“

„Wieso? Daß ich hier bin, ist nichts Besonderes, aber was hat Sie hierher geführt?“

Ich stellte ihnen Yrjö Sirola vor und sagte, wir seien im Auftrag der Partei in Leningrad und hätten uns nicht vorstellen können, daß wir hier mit Finnen zusammentreffen würden. Wir fragten interessiert, wann sie angekommen seien und ob zu ihrer Gruppe noch andere Bekannte gehörten. Wir führten ein sehr freundliches Gespräch, sie holten noch einige ihrer Freunde an unseren Tisch, und bald wußte die ganze aus fünfundsiebzig Mann bestehende Gruppe, daß Poika Tuominen und Sirola hier waren.

Sie fragten, ob wir Zeit hätten, mit ihnen zu sprechen. Wir erklärten, wir müßten am gleichen Tag abreisen, doch da sie uns dringend darum baten, beschlossen wir zu bleiben und diese einmalige Gelegenheit auszunutzen.

Darauf drängten sie uns, sie auf ihrer Reise zu begleiten. Aber wir äußerten Bedenken und sagten, das würde wahrscheinlich nicht möglich sein. Aber sie gingen zu ihren Fremdenführern und fragten, ob ihre finnischen Landsleute nicht mitkommen könnten. Die Fremdenführer, die unsere Untergebenen waren, taten so, als setzten sie sich mit irgendeiner höheren Stelle in Verbindung, und erklärten dann, es sei möglich. Wir waren sehr dankbar und blieben die ganze Zeit mit der Gruppe in Leningrad und begleiteten sie wie selbstverständlich dann auch nach Moskau. Dabei übernehmen wir die Rolle der politischen Instrukteure.

Nicht einer von ihnen, ja nicht einmal die sozialdemokratischen Funktionäre schöpften den Verdacht, daß das ganze eine von Anfang an geplante Komödie war.

Die Behandlung der Touristen wurde so sehr bis in alle Einzelheiten vorbereitet, daß bestimmte Personen sogar den Auftrag bekamen, Fehler zu kritisieren, denn die Erfahrung hatte gezeigt, daß die finnischen Gäste sich scheuten, taktlose Fragen zu stellen. Politisch zuverlässige Kommunisten bekamen von uns den Auftrag, bei bestimmten Gelegenheiten zu sagen: „Es ist gut und schön, uns das alles zu zeigen, aber dahinter muß manches faul sein. Die Sozialdemokraten und die Bürgerlichen behaupten, daß man die Fehler und Schwächen vor uns versteckt." Wenn irgend jemand eine solche Bemerkung machte, protestierte gewöhnlich die ganze Gruppe und sagte, solche Äußerungen seien unangebracht.

Bei der Gewerkschaft sagte irgend jemand: „Alles sieht gut aus, aber ich glaube, vieles davon ist nur Augenauswischerei."

Der Vorsitzende Tomski, auf dessen Veranlassung diese kritische Äußerung getan worden war, hatte natürlich auch die richtige Antwort parat: „Nun, junger Mann, wenn Sie Gäste in Finnland haben, ist es bei Ihnen üblich, den Gästen zuerst die Misthaufen, die Hinterhöfe und alle die Dinge zu zeigen, die nicht in Ordnung sind?"

„Nein, das ist bei uns nicht üblich."

„Und auch nicht bei uns. Wir versuchen unseren Gästen etwas Besseres zu zeigen. Aber wenn es Ihnen Freude macht, dann steht es Ihnen frei, alles anzusehen."

Alles lachte und akzeptierte diese Erklärung. Die Touristen waren überrascht, daß die Frage unsere Fremdenführer nicht gekränkt hatte, sondern sie mit einem Lächeln darauf reagierten.

Für die zahlreichen Delegationen, die am siebenten November zur Revolutionsfeier und am ersten Mai nach Moskau kamen, wurden besondere Potemkinsche Dörfer aufgebaut. Sie wurden eingeladen, sich die gewaltige und beeindruckende Militärparade anzusehen. Anderthalb Millionen Menschen marschierten dabei unter einem Fahnenmeer über den Roten Platz. Das machte auf alle einen überwältigenden Eindruck, auf manche aber auch einen erschreckenden und furchterregenden.

Natürlich zeigte die Parade keine Zinnsoldaten, sondern Elitetruppen. Aber die Moskauer Fassaden, vor denen es ablief, waren zum Teil gefälscht. Die an den Hauptstraßen stehenden Häuser wurden vor fast jeder dieser Festlichkeiten neu gestrichen. Dabei verwendete man jedoch so minderwertige wasserlösliche Farben, daß der Anstrich nur eine dieser Festlichkeiten überdauerte.

Eines der seltsamsten Vorhaben in den fünf Jahren, die wir dort lebten, war der Bau der riesigen Leninbibliothek. Während der ganzen Zeit stand sie im Rohbau da, obwohl sie nach dem Fünfjahresplan 1934 hätte fertig sein sollen. Doch die Bauarbeiten waren auch 1937 und 1938 noch nicht abgeschlossen. Vor Beginn der Festlichkeiten wurde das Baugerüst jedesmal abgebaut, weil das Gebäude nach offziellen Angaben schon 1934 fertiggestellt worden war. Die Fassade wurde gereinigt und die dafür vorgesehenen Stuckdekorationen wurden für die Dauer der Festtage angebracht, um anschließend wieder entfernt zu werden. Wir überlegten uns, wieviel Geld und Arbeitskraft verschwendet wurden, um das Gerüst ab- und wiederaufzubauen. Mit dem gleichen Aufwand hätte der Bau wahrscheinlich in kurzer Zeit beendet werden können.

Kuusinen und die Kunst zu überleben

Es ist nicht meine Absicht, hier eine Biographie von Otto Wille Kuusinen zu schreiben oder etwa sein politisches Wirken zu analysieren. Ich möchte nur zeigen, wie das stalinistische System einzelne Persönlichkeiten benutzt und in Situationen gedrängt hat, in denen sie nicht einmal ihre engsten Freunde und Verwandten verteidigen konnten, von denen sie genau wußten, daß sie unschuldig waren.

Nachdem die finnische Erhebung 1918 gescheitert war, floh Kuusinen mit den anderen Revolutionsführern nach Rußland. Es zeigte sich jedoch von Anfang an, daß er sich in diesen chaotischen Verhältnissen nicht wohlfühlte. Deshalb begann er sofort mit den Vorbereitungen für eine Rückkehr nach Finnland oder die Flucht in ein anderes Land. Schließlich ging er nach Finnland, aber sehr bald bewog ihn Lenin zur Rückkehr nach Rußland und ernannte ihn zum Sekretär der Komintern. In den Jahren 1921 bis 1930 spielte er auf diesem Posten als unabhängiger Theoretiker und tonangebender Außenpolitiker eine bedeutende Rolle. Seine wissenschaftlichen Arbeiten wurden in der kommunistischen Presse und als Flugblätter veröffentlicht und brachten ihm hohes Ansehen ein. Dabei erfreute er sich einer sehr weitgehenden Unabhängigkeit und Bewegungsfreiheit. Man darf sagen, Kuusinen verfügte damals über mehr Macht als irgendein anderer Finne sie je besessen hat.

Gegen Ende der 20er Jahre hatte Stalin seine persönliche Diktatur endgültig gefestigt. Nun erkannte Kuusinen – wahrscheinlich hatte er es sogar schon früher erkannt –, daß er eine Entscheidung treffen müsse: Entweder konnte er sich seine Unabhängigkeit bewahren, und dazu hätte er außer Landes fliehen müssen – oder er konnte in Rußland bleiben, seine Dienste dem Diktator zur Verfügung stellen und das schreiben, was man ihm befahl. Kuusinen wählte die zweite Alternative. Er legte seine eigene Meinung in die Schublade oder verbrannte, um sicherzugehen, das, was er darüber geschrieben hatte. Von nun an ließ er sich alles, was er für die Komintern tat, von Stalin genehmigen – jede Deklaration und jeden Beschluß –, und tat das sogar schon ehe er seine Gedanken zu Papier gebracht hatte.

Viele betrachteten diese Aufgabe des unabhängigen Denkens als Feigheit, aber angesichts der damals herrschenden Verhältnisse war es durchaus verständlich. Nachdem er sich einmal für diesen Weg entschieden hatte, war Kuusinen gezwungen, eine Rolle zu spielen, die von den Historikern nicht sehr günstig beurteilt werden wird. Denn Stalin betraute ihn immer wieder mit Aufgaben, die für ihn sehr abstoßend gewesen sein müssen, obwohl er sie seiner Veranlagung entsprechend oft hervorragend gelöst hat.

Als das Ringen um die Macht zwischen Trotzki und Stalin an den Punkt gekommen war, an dem Stalin einen kleinen Vorsprung gewonnen hatte, war Kuusinen der erste, der einen dogmatischen, verleumdenden Artikel schrieb, in dem er zeigte, daß Trotzki niemals ein echter Marxist gewesen war, sondern versucht hatte, die ganze russische Revolution zu verraten. Das war für Stalin ein außerordentlich wertvolles Geschenk, denn er besaß auf diesem Gebiet und auch später keinen Fachmann, der Kuusinen das Wasser hätte reichen können. Es war also die Trotzki-Affäre, in der sich Kuusinen als getreuer Diener Stalins die Sporen verdiente.

Das erklärt im übrigen auch, weshalb Kuusinen als einziger führender finnischer Kommunist überlebt hat. Er war ein Spezialist, den Stalin brauchte, weil es keinen anderen gab, der diese Aufgabe so gut erfüllen konnte wie er. Außerdem strebte Kuusinen nicht nach der Macht. Weder Stalin noch Chruschtschow mußten fürchten, daß Kuusinen versuchen werde, sie zu stürzen.

Etwas später, als sich ein Machtkampf zwischen Stalin und Sinowjew entwickelte, war Kuusinen der erste, der beweisen konnte, daß Sinowjew von der Parteilinie abgewichen war. Mitte der 1930er Jahre kam Bucharin, der ehemalige Präsident der Komintern und erfahrene Theoretiker, der sich aktiv am Sturz von Trotzki und Sinowjew beteiligt hatte, an die Reihe. Als sich die Kritik an Bucharin verschärfte, erhielt Kuusinen wieder den Auftrag, eine auf die kommunistische Theorie gegründete Anklageschrift zu verfassen. Mit dogmatischen Belanglosigkeiten wies er nach, daß Bucharin weder Marx noch Lenin begriffen habe. Irrtümer auf diesem Gebiet waren eine Sünde wider den Heiligen Geist.

Trotz seiner Umsicht und Schläue ist Kuusinen wenigstens einmal auch selbst fast in eine sehr schwierige Situation geraten. 1931 oder 1932 hatte er auf einer Plenarsitzung der Komintern Dimitrow beleidigt, der damals zwar noch keine sehr einflußreiche Stellung einnahm, sondern nur der Vertreter Bulgariens im Exekutivkomitee der Komintern war. Kuusinen glaubte, die Glocken des Kreml könnten demnächst die letzte Stunde für Dimitrow einläuten, und beeilte sich nun, zu den Ersten zu gehören, die seinen Sturz herbeiführten. Wer hätte damals voraussehen können, daß Dimitrow durch einen seltsamen Zufall mit einem Mal zum Helden werden würde, aber gerade das geschah, als der provozierende Brand des Reichstagsgebäudes in Berlin ihm in der Sowjetunion zu höchstem Ruhm verhalf. Eine Zeitlang war er hier nach Stalin der wichtigste Mann. Man verlieh ihm die sowjetische Staatsbürgerschaft, und nachdem er aus Deutschland nach Rußland zurückgekehrt war, übernahm er die Führung der Komintern.

Nun war Kuusinen als Sekretär einer von vielen Untergebenen Dimitrows und befand sich in der schwierigsten Lage seines Lebens. Man mußte damit rechnen, daß Dimitrow an ihm Rache nehmen werde. Wie es seiner Art entsprach, bemühte sich Kuusinen nach Kräften um die Gunst Dimitrows und versuchte, sich ihm unentbehrlich zu machen. Dimitrow hatte erkannt, daß er in seinem hohen Amt ein hervorragender Theoretiker sein mußte, und dazu brauchte er die Hilfe Kuusinens. Deshalb war er bereit, die Dienste Kuusinens anzunehmen, um mit Hilfe der von ihm verfaßten Beschlüsse und Reden über theoretische Fragen zu glänzen.

Schon 1935 erwarb sich Dimitrow auf dem Kongreß der Komintern hohes Ansehen mit von Kuusinen geschriebenen Reden. Kuusinen kannte die politische Linie Stalins und war ein ausgezeichneter Stilist. Er hatte seinen eigenen durch extreme Haarspalterei gekennzeichneten Stil entwikkelt, den sogenannten Kominternstil. Er leistete Dimitrow so wertvolle Dienste, daß der temperamentvolle Bulgare, der in seinen vier oder fünf Stunden dauernden Reden die Worte Kuusinens in den Saal donnerte, die alten Kränkungen gerne vergaß.

Im gleichen Jahr, 1935, begann die Verfolgung der Finnen in Sowjet-Karelien, und alle führenden Kommunisten dort einschließlich des Ministerpräsidenten Gylling und des Parteisekretärs Rovio mußten sich vor Gericht verantworten. Kuusinen wagte es nicht, ein einziges Wort zu ihrer Verteidigung zu sagen; im Gegenteil, er verlangte, daß die Finnische Kommunistische Partei alle aktiven Kommunisten in Karelien verurteilte. Er drängte auch mich mehrmals, nach Petrosawodsk zu gehen und dort Reden zu halten, in denen ich als Parteiführer das Verhalten von Gylling und Rovio verurteilen und beweisen sollte, daß sie den finnischen Nationalismus unterstützten, den ich ebenso verurteilte wie es die Partei tat. Ich konnte mich mit den verschiedensten Ausreden aus der Affäre ziehen, mußte nicht nach Karelien gehen und hielt während dieser Zeit keine einzige Rede.

Inzwischen war Gylling selbst nach Moskau gekommen und nahm an unseren Sitzungen teil, nicht aber an den Diskussionen über seine Person. Er widersetzte sich auch niemals der Parteiführung. Bei einer Gelegenheit mußte die Finnische Kommunistische Partei eine Deklaration entwerfen. Hannes Mäkinen und ich hatten den Text verfaßt und versucht, die Aktivitäten von Gylling und Rovio in einem günstigen Licht erscheinen zu lassen. Dabei waren wir zum Beispiel nicht auf die Frage des finnischen Nationalismus eingegangen. Auf einer der folgenden Sitzungen fing Kuusinen an, unseren Text zu kritisieren und verlangte kategorisch die Erwähnung des Punktes, auf den sich die russischen Beschuldigungen stützten. Das war die gefährliche Nationalitätenpolitik, für die sich Gylling und seine Männer eingesetzt hatten.

Das war die einzige Gelegenheit, bei der Gylling böse wurde. „Sie können hinschreiben was Sie wollen, aber ich frage mich, warum Otto Wille die Erwähnung dieser Sache verlangt, da doch die von uns verfolgte Nationalitätenpolitik in erster Linie die Politik Kuusinens war. Erinnern Sie sich nicht mehr daran, daß ich Sie jedesmal, wenn irgendwelche wichtigen Fragen zu entscheiden waren, um Ihren Rat gebeten habe, weil ich kein politischer Fachmann bin, sondern die Wirtschaft und die Kultur meine Spezialgebiete sind. Es ist Ihre Nationalitätenpolitik gewesen, der ich gefolgt bin, und auch Sirola hat sich für diese Politik eingesetzt. Es ist mir völlig unverständlich, daß Sie jetzt behaupten, es sei meine Nationalitätenpolitik gewesen."

Kuusinen erwiderte, es sei auch nicht seine Politik gewesen, sie hätten jedoch darüber gesprochen, und natürlich hätten untergeordnete Parteifunktionäre die politische Linie verzerrt, die von Anfang an ihre Schwächen gehabt haben mochte. Doch Kuusinen konnte sich nicht dazu durchringen, seine Beteiligung zuzugeben, wenngleich er es im engeren Kreis oder im Privatgespräch auch nicht leugnen konnte. Er versuchte vielmehr, sich dadurch aus dieser Verstrickung zu befreien, daß er naiv behauptete, irgendwelche untergeordneten Parteifunktionäre hätten die ursprünglich festgelegte politische Linie verlassen und verfälscht.

Gylling lebte zwei Jahre im Moskauer Exil, und Kuusinen vermied es stets, mit ihm zusammenzutreffen. Am Anfang versuchte Gylling, die alte Freundschaft aufrechtzuerhalten, stellte aber bald fest, daß Kuusinen fürchtete, seine Position durch diese Freundschaft zu gefährden. Jedesmal wenn Gylling mich im *Dom Prawitelstwo* besuchte, verließ Kuusinen in aller Eile das Haus.

Als Gylling 1937 verhaftet wurde, kam es zu einem heftigen Wortwechsel zwischen Kuusinen und mir – einem der wenigen, die ich in der Zeit unserer Zusammenarbeit erlebt habe. Als Mitglied des Zentralkomitees der Finnischen Kommunistischen Partei gehörte Gylling zu der Gruppe, für die ich nach sowjetischer Praxis verantwortlich war. Nach seiner Verhaftung schlug ich Kuusinen sofort vor, wir sollten zu Stalin gehen und eine ausreichende Erklärung dafür verlangen, warum Mitglieder des Zentralkomitees der finnischen Partei eingesperrt würden. Außerdem gäbe es nicht viele Finnen, die beim Aufbau des Sozialismus in der Sowjetunion eine so bedeutende Rolle gespielt hatten. Ich hielt ein Gespräch mit Stalin für unbedingt notwendig, wenn auch nur um unserer eigenen Sicherheit willen.

Doch Kuusinen fand immer wieder neue Ausreden; er wollte auf keinen Fall gehen.

„Sind Sie der Meinung, daß Gylling ein Spion oder ein Konterrevolutionär ist?“ fragte ich.

„Nein. Ich bin überzeugt, es handelt sich um einen Irrtum“, antwortete Kuusinen. „Es ist nicht notwendig, daß wir jetzt zu Stalin gehen, denn sobald der Fall Gylling untersucht worden ist, wird er sicherlich wieder freikommen.“

„Glauben Sie wirklich?“ sagte ich. „Ich kenne keinen einzigen solchen Fall. Weshalb sollte Gylling mehr Glück haben? Wir dürfen hier nicht länger untätig mit übergeschlagenen Armen herumsitzen."

„Man muß Vertrauen zu den sowjetischen Beamten und der GPU haben."

„Genau das haben Sie auch schon früher gesagt, wenn Finnen verhaftet wurden."

Aber Kuusinen ging nicht zu Stalin, um sich für Gylling einzusetzen.

Kurz darauf trat die Affäre in eine neue Phase. Ich bemerkte, wie Kuusinen nervös wurde, eine Zigarette nach der anderen rauchte, von einem Zimmer ins andere lief und schließlich sagte, die Komintern verlange im Namen der Partei von uns, wir sollten eine schriftliche Erklärung abgeben, in der wir das Verhalten von Gylling und anderen finnischen Kommunisten verurteilten. Er meinte, ich sollte den Text entwerfen. Ich lehnte das ab, und es kam zu einem langen Streitgespräch. Ich habe die Erklärung schließlich nicht geschrieben, die auch erst veröffentlicht wurde, nachdem ich die Sowjetunion verlassen hatte. Wahrscheinlich hat Kuusinen sie selbst verfaßt.

Kuusinen rührte keinen Finger, um seine alten Freunde zu retten, obwohl viele ihn um Hilfe baten, als sie an die Reihe kamen, verhaftet zu werden. Er beantwortete ihre Briefe nicht. Ob er ihnen hätte helfen können, ist eine andere Frage, aber er hat es nicht einmal versucht, auch nicht als sein eigener Sohn Esa und dessen Frau in Karelien verhaftet wurden. Nach dem Winterkrieg wurde Esa auf Befehl Stalins freigelassen, aber seine Frau blieb verschollen. Esa war im Gefängnis an Tuberkulose erkrankt und starb bald nach seiner Freilassung.

Es war immer das gleiche, wenn diese Dinge zur Sprache kamen: Kuusinen zog sich in sein Schneckenhaus zurück, isolierte sich immer mehr, weigerte sich irgend jemanden zu empfangen und las nicht einmal die an ihn gerichteten Briefe, sondern schob sie mir hin, ohne sich positiv oder negativ dazu zu äußern.

Wieviel Kuusinen diesen Menschen hätte helfen können, war, wie ich schon gesagt habe, eine ganz andere Frage. Ich glaube, er hätte nichts tun können, denn die Mühlen Stalins mahlten in ihrem eigenen Tempo. Vielleicht hätte er etwas ausrichten können, wenn es sich um irgendeinen unwichtigen Menschen handelte, aber wenn der Betreffende eine höhere Stellung einnahm, konnte er nicht helfen. Es ist daher sinnlos, die Angelegenheit von diesem Gesichtswinkel her zu betrachten. Wenn Kuusinen einmal die Gelegenheit hatte zu wählen, welchen Weg er gehen sollte, dann entschied er sich für das, was der sarkastische Radek „das Einfetten des Stricks" genannt hat. Eine schwedische Zeitung hat es in einem Artikel über Kuusinen etwas eleganter ausgedrückt, der mit den Worten schloß: „So ist aus dem unabhängigen Wikinger, als er älter wurde, der servile Lohnarbeiter Stalins geworden."

Das war der Eindruck, den ich während meiner Moskauer Jahre, in denen ich die Wohnung mit ihm teilte, von Kuusinen gewann.

Nachdem ich mich mit der Rede des ehemaligen Ministerpräsidenten und Parteisekretärs Nikita Chruschtschow auf dem Zwanzigsten Parteikongreß der Kommunistischen Partei der Sowjetunion im Jahr 1956 vertraut gemacht und anschließend Hunderte von Zeugnissen über die totale Autokratie Stalins gelesen habe, bin ich der Meinung, daß Stalins Willkür noch skrupelloser und furchtbarer war, als ich es in meiner etwas abgeschirmten Situation hatte erkennen können. Allein jene sechs Stunden dauernde Rede und die Beweismittel, die darin vorgelegt wurden, zeigten, wie hoffnungslos und unmöglich es auch für Persönlichkeiten in höchsten Stellungen war, Stalin an der Ausführung seiner Entscheidungen zu hindern.

Von Anfang an war ich überzeugt, daß Kuusinen kein Stalinist war. Es hat meine Frau und mich immer wieder amüsiert, wenn Kuusinen, wie es zu jener Zeit üblich war, am Anfang und am Ende jeder Rede die obligatorischen glorifizierenden Attribute über den „großen Stalin", „unser Leben und unsere Sonne", über den „Schöpfer eines glücklichen und frohen Lebens" verwenden mußte. Ich erinnere mich noch sehr genau, wie er sich dann verlegen räusperte und hustete.

Fast ein Vierteljahrhundert hat Kuusinen Stalin dienen müssen, obwohl er mit seiner Politik nicht einverstanden war. Im Gegenteil, er verabscheute den Despoten.

Auf dem Zwanzigsten Parteikongreß erhielt Kuusinen schließlich die Gelegenheit, sich offiziell von der Arbeit zu distanzieren, an der auch er teilgenommen hatte, und nachzuweisen, daß Stalin der ketzerischste von allen Ketzern gewesen war. Das sind sicher die größten Augenblicke im Leben Kuusinens gewesen. Als ich mir die Rede Chruschtschows und die Beschlüsse des Parteikongresses näher ansah, konnte ich darin sehr deutlich die Handschrift Kuusinens erkennen. Es fiel mir nicht schwer festzustellen, welche Teile der Rede und der Beschlüsse aus der Feder von Otto Wille stammten. Ich bin gewiß, daß Kuusinen die Beschlüsse verfaßt hat, die sich mit der leninistischen Theorie beschäftigen und analysieren, wie Stalin vom Leninismus abgewichen ist und die von Lenin verkündeten Grundprinzipien verletzt hat. Ich kann auch mit Sicherheit behaupten, daß mindestens der theoretisch-ideologische Teil der Chruschtschow-Rede von Kuusinen verfaßt worden ist.

Ich kann mir vorstellen, wie der inzwischen älter gewordene Kuusinen aufgelebt ist, als er schließlich die Gelegenheit hatte, bei der Mitarbeit an Chruschtschows Rede und bei manch anderer Gelegenheit zu sich selbst zu finden.

Als ich mich 1939 weigerte, nach Moskau zurückzukehren und die Führung der demnächst zu bildenden Terijoki-Regierung zu übernehmen, um statt dessen für Finnland und gegen Rußland zu arbeiten, muß das für Kuusinen eine große Enttäuschung und Kränkung gewesen sein. Aber soweit ich weiß, hat er nie versucht mir zu schaden oder mich schriftlich verurteilt.

Wenige Jahre nach meinem Austritt aus der Kommunistischen Partei gingen Hertta und ihr damaliger Mann, Finnlands kommunistischer Innenminister Yrjö Leino, nach Moskau zu Kuusinen, um ihn zu überreden, er solle Poika Tuominen den Mund stopfen, der in Stockholm einen Propagandafeldzug führte, mit dem er den Kommunisten schweren Schaden zufügte.

„Sage uns, was mit ihm geschehen soll. Soll man ihn vergiften oder erschießen?"

Kuusinen ging zehn Minuten mit den Händen hinter dem Rücken im Zimmer auf und ab und meinte dann: „Hm – augenscheinlich habt ihr in Finnland gewisse Schwierigkeiten mit diesem Ministerpräsidenten Pekkala, weil er so viel trinkt."

Nun in diesem entscheidenden Augenblick in Gegenwart seiner Tochter und seines Schwiegersohns hat er nicht erklärt, daß der Schurke erschossen werden müsse. Er sagte nichts, weder etwas Gutes noch etwas Böses, sondern redete von etwas ganz anderem.

Man könnte sagen, die Beziehung zwischen Kuusinen und mir war in gewisser Weise eine Vater-Sohn-Beziehung. Aber sie war keineswegs einseitig, denn der Sohn hat auch den Vater beeinflußt.

Vier Kommunisten im Paradies

So etwas wie das Hotel Lux in Moskau, das der Komintern gehörte, hat es mit Sicherheit auf der ganzen Welt nicht zum zweiten Mal gegeben. Solange die Komintern bestand, hat dort ein großer Teil ihrer Führung gelebt und dazu so viele ihrer Mitarbeiter, wie man in dem fünf- oder sechsstöckigen Gebäude unterbringen konnte. Die Bewohner repräsentierten vierzig und vielleicht sogar fünfzig verschiedene Nationalitäten. Die meisten international bekannten Kommunisten haben dort gelebt, einige längere, andere kürzere Zeit.

Innerhalb dieser Mauern wurde jede nur denkbare Schurkerei entworfen und geplant. Wahrscheinlich könnte kein Gebäude unter dem Himmel so ausgefallene Themen für Sensationsromane liefern wie dieses in seiner zwanzigjährigen Geschichte. Dort wurden bei einer Tasse Tee oder Kaffee und oft bei einem Glas Wodka, Cognac oder Champagner die Schicksale ganzer Nationen entschieden. Dutzende von Plänen für Revolutionen und Aufstände, einige erfolgreich, die meisten zum Scheitern verurteilt, wurden in den Katakomben, den Gesellschaftsräumen und den Zimmern dieses Hotels geschmiedet. Hier fielen die Würfel, die über das Leben Tausender von Menschen entschieden. Wenn die Wände des Lux sprechen könnten, dann könnten sie uns viel erzählen; die romantischsten Liebesgeschichten; von Ehetragödien, die mit der Ermordung eines Ehepartners endeten; von politischen Streitgesprächen oder einem kurzen Wortwechsel, der zu einem blutigen Machtkampf innerhalb der Partei führte; von der zynischen Liquidierung des in der Opposition stehenden Parteiflügels mit Hilfe der GPU oder der eigenen Parteiterroristen. Diese Wände könnten Geschichte erzählen von den naivsten kommunistischen Träumen bis zu blutigen Revolutionen und Revolten und zu Plänen für die Zerstörung ganzer Staaten.

Unter diesen ungewöhnlichen und bemerkenswerten Menschen gab es eine ganze Anzahl vollkommen ehrlicher, idealistischer und aufrichtiger Persönlichkeiten, echte Genies, international anerkannte literarische Größen und beachtliche politische Führer. Es gab Hunderte von einfachen kommunistischen Arbeitern und gedungene Agenten, die nur gegen Bezahlung arbeiteten, sowie Abenteurer ohne irgendwelche idealistischen Überzeugungen und schließlich völlig gefühllose Kriminelle und Schurken.

O. W. Kuusinen hat bis Anfang der 30er Jahre etwa zehn Jahre lang ununterbrochen im Hotel Lux gelebt. Seine Tochter Hertta wohnte dort von 1922 bis 1934, zuerst bei ihrem Vater, dann allein und am Schluß mit dem finnischen Kommunisten Tuure Lehén.

Hertta Kuusinen war überdurchschnittlich begabt und eine Führerpersönlichkeit, doch als Frau hatte sie es schwer, sich genügend Autorität zu verschaffen. Ihre Stellung hatte sie vor allem dem Namen und dem Einfluß ihres Vaters zu verdanken.

Eine Zeitlang besuchte sie russische Schulen und nahm später, als sie schon als Angestellte arbeitete, an politischen Lehrgängen teil. Nach biographischen Quellen war sie in einer Bibliothek beschäftigt, aber das war nicht ihre eigentliche Arbeit. In Wirklichkeit arbeitete sie in der Abteilung für konspirative Tätigkeit der Komintern.

Ihre Ausbildung auf diesem Spezialgebiet wurde durch ihren ersten Mann, Tuure Lehén, mit dem sie seit 1925 zusammenlebte, in hervorragender Weise ergänzt. Dieser

Sohn eines finnischen Tischlers besuchte, obwohl er in ärmlichen Verhältnissen lebte, die Oberschule und studierte nach seinem Abitur an der Universität von Helsinki. Er war zweifellos sehr begabt und hatte, soviel ich weiß, in seiner Jugend grandiose weitreichende Pläne für die Zukunft, wie dies bei jungen Leuten aus bescheidenen Verhältnissen oft der Fall ist. Doch in den revolutionären Wirren des Jahres 1918, an denen er aktiv beteiligt war, zerrannen diese Träume. Mit anderen Rotgardisten kam er nach Rußland, und der Anblick des Elends und der Armut dort muß sein Denken und seine ganze Zukunft entscheidend beeinflußt haben. Gelegentlich konnte man aus einer kurzen Bemerkung entnehmen, daß nach seiner Meinung das Leben weder Zweck noch Sinn habe, da der Mensch ohnedies zum Untergang verurteilt sei: Weshalb sollte man sich um irgendwelche besonderen Erfolge bemühen; es genüge, von einem Tag zum anderen zu leben.

So überließ er sich dem grenzenlosen Zynismus, der seiner natürlichen Veranlagung entsprach.

Er erledigte gewissenhaft alle ihm übertragenen Aufgaben, aber in kleinem Kreis, wo er offen seine Meinung sagen konnte, äußerte er sich boshaft und sarkastisch über den Bolschewismus und seine tägliche Arbeit, die er im Grunde verachtete. Weder vorher noch nachher habe ich jemanden so gehässig, bösartig und beleidigend über Stalin sprechen hören. Kaum ein Bürgerlicher oder Sozialdemokrat konnte Stalin so treffend analysieren wie Tuure Lehén.

Außerdem verfügte er über das praktische und theoretische Wissen, das er für den Aufstieg in höhere Positionen brauchte. So wurde er 1921 in die „Akademie der Generäle“ in Moskau aufgenommen. Er und zweiter ehemaliger Student an der Universität Helsinki, Eyolf Georg Mattson, waren die ersten dort ausgebildeten roten „Generäle“. Richtige Generäle waren sie allerdings nicht, denn diesen Rang gab es in der Roten Armee damals noch nicht, aber sie waren hohe Offiziere im Kommandeursrang.

Kuusinen, der allmächtige Generalsekretär der Komintern, übernahm den jungen Mann als Militärexperten für seine Organisation. In der Komintern hatte er die Gelegenheit, sich auf revolutionäre Taktiken und terroristische Unternehmungen zu spezialisieren. Natürlich verfügte jedes Land über solche Personen für die interne Verwendung, aber damals war ein Mann, der dazu ausgebildet war, überall auf der Welt Revolten vorzubereiten und durchzuführen, eine Seltenheit.

Unter dem Pseudonym „Alfred Langer“ verfaßte Tuure Lehén mehrere Bücher und Flugblätter, die für die Arbeiter und Bauern in den Industrieländern oder für die Kolonialvölker sehr detaillierte Anleitungen enthielten, Revolten anzuzetteln und die Diktatur des Proletariats zu errichten. In den 1920er und 1930er Jahren hielt er sich häufig in Deutschland und vielen anderen mittel- und westeuropäischen Ländern auf, um die Kommunisten dort auf diesem wichtigen Gebiet auszubilden. Auch an den kommunistischen Schulen in Moskau und Leningrad hielt er Seminare über revolutionären Terrorismus und revolutionäre Taktik ab.

Tuure Lehén konnte ohne Übertreibung sagen, zu seinen Schülern gehörten chinesische Kulis, afrikanische und amerikanische Neger, spanische Granden, englische Lords und deutsche Barone. Die meisten seiner Schüler waren allerdings ganz kommunistische Arbeiter.

Tuure Lehén hat an der Planung und Ausführung zahlreicher Revolten in den verschiedensten Ländern teilgenommen. Die meisten sind kläglich gescheitert, und bestenfalls haben einige Versuche zunächst einen gewissen Erfolg gehabt.

Als 1936 in Spanien der Bürgerkrieg zwischen den Republikanern und den Anhängern Francos ausbrach, gehörte Tuure Lehén zu den ersten, die von der Komintern dorthin geschickt wurden. Seine erste Aufgabe war es, in der Kommunistischen Partei Spaniens eine Geheimpolizei nach dem Muster der GPU zu schaffen. Ein zweites wichtiges Unternehmen war die Planung innerer Unruhen und Revolten in dem von Franco besetzten Gebiet.

Er erhielt diese Aufträge zu der Zeit, in der die gründlichsten Säuberungen in der Sowjetunion und besonders in der Komintern stattfanden. Dieser Auftrag hat ihn wahrscheinlich auch gerettet, denn trotz ihrer Verdienste und ihrer politischen Bedeutung sind viele Persönlichkeiten, die wie er am Rande des Aufgabenbereichs der Komintern arbeiteten, verhaftet und in Konzentrationslager verschickt worden. Als er nach Moskau zurückkehrte, war das Schlimmste schon vorüber. So konnte er neue Aufgaben übernehmen, unter anderem den Posten des Innenministers in der kurzlebigen Terijoko-Regierung, die Stalin 1939 einsetzte. Nach dem Zweiten Weltkrieg kehrte er nach Finnland zurück.

In den 30er Jahren war Lehén in Moskau gut mit dem finnischen Kommunisten und Rechtsanwalt Asser Salo befreundet. Die beiden Freunde pflegten sich fast jeden Abend so zu betrinken, daß sie ihre Zunge nicht mehr im Zaum halten konnten. Dann zog Tuure so unmäßig gegen Stalin, die Komintern, seinen Schwiegervater Kuusinen und das ganze Regierungssystem vom Leder, daß einem schwindlig werden konnte. Ich vergewisserte mich genau, daß niemand hinter irgendeinem Vorhang zuhörte und in den Wänden keine Abhörvorrichtungen versteckt waren und protestierte außerdem laut und oft böse gegen das, was Tuure sagte.

Zu Anfang glaubte ich, das sei seine besondere Methode, den Neuankömmling zu testen; der bewährte Genosse, der eine hohe Stellung in der Komintern einnahm, wollte auf diese Weise feststellen, wie gut der Neuling das sowjetische System kannte und wie stark sein Glaube daran war.

Asser Salo war nur selten mit dem einverstanden, was Lehén sagte. Meist hörte er nur zu oder protestierte gelegentlich milde.

Ich konnte sehr bald feststellen, daß er mich nicht in eine

Falle locken wollte und keine Taktik dahinterstand. Über meinen Eifer lachte er gewöhnlich nur, denn als echter Zyniker wurde er nicht böse, sondern sagte:

„Wenn Sie so lange hier gewesen sind wie ich, werden Sie anfangen zu begreifen, wie das ist. In Finnland und in den finnischen Gefängnissen kann es nur eine idealisierte Vorstellung vom Stalinismus geben, aber wir, die führenden Bolschewiken, sind da etwas anderer Meinung."

Bei einem Gespräch über den Stalinkult brachte Lehén groteske Beispiele aus dem Bereich der Komintern wie auch in anderem Zusammenhang. Er stellte seinen Schwiegervater Kuusinen als das Modellbeispiel eines getreuen Dieners dar und parodierte Kuusinens Reden und Schriften, in denen jeder Erfolg Stalin zugeschrieben würde. Dabei legte er es vor allem darauf an, Kuusinen herabzusetzen, um Hertta zu ärgern und zu verletzen.

In den Jahren 1933/34 wurde in ganz Rußland eine interne Säuberung in der Kommunistischen Partei durchgeführt. Diese Zeremonie der öffentlichen Selbstanklage entnervte und ängstigte alle Mitglieder der Kommunistischen Partei von der Parteispitze bis zum kleinsten Funktionär. Auch für Hertta Kuusinen waren diese Wochen und Monate ein schrecklicher Alptraum. Sie wurde entsetzlich von ihrem schlechten Gewissen geplagt, denn sie fürchtete, daß Tuures antistalinistische Haltung und fortgesetzte antisowjetische Propaganda auch außerhalb des kleinen Kreises ihrer nächsten Freunde bekanntgeworden seien und bei den Säuberungsaktionen zur Sprache kommen könnten.

Ich bin damals häufig mit Hertta zusammengekommen. Bei unseren Gesprächen haben wir uns auch über Herttas persönliche Probleme unterhalten, und wegen meiner sehr guten Beziehungen zu ihrem Vater wurde ich zu einer Art Beichtvater, denn Hertta sprach mit ihrem Vater nicht über Dinge, die ihn als führende Persönlichkeit in der Finnischen Kommunistischen Partei beunruhigt hätten.

Am Schluß eines unserer Gespräche sagte Hertta, sie

werde bald in die gegen die Partei gerichteten Säuberungsaktionen hineingezogen werden, vielleicht schon nach wenigen Tagen, und fragte mich, ob sie dann alles sagen und Tuure als Verleumder Stalins und der Partei bloßstellen solle. Sie wußte, daß dies ihre Pflicht als Parteimitglied war, denn sonst wäre die ganze Säuberung eine bloße Farce. Was sollte sie tun? Sie habe sich nicht nur deshalb an mich gewendet, weil wir befreundet seien, sondern auch weil ich Mitglied des Zentralkomitees und Parteisekretär wäre und daher in gewisser Weise verpflichtet sei, ihr aus diesem Dilemma herauszuhelfen.

Ich war zutiefst beunruhigt, wenngleich mich ihre Frage nicht überraschte. Ich hatte mich schon oft gefragt, wie sie und ihr Mann die Säuberung überleben würden und ob auch ich an die Wand gestellt werden würde, weil ich mir die Geschichten von Tuure angehört hatte. Ich fragte, wie lange Tuure schon an diesen Verirrungen litte und was nach Herttas Ansicht ein volles Geständnis für Tuure und sie bedeuten werde.

Hertta sagte, Tuure sei von jeher ein solcher Zyniker gewesen, in letzter Zeit hätten jedoch sein Zynismus und seine Verachtung gegenüber Stalin und anderen Parteiführer zugenommen. Er hatte sich nicht an irgendeiner Verschwörung beteiligt; im Gegenteil, er hatte seine Pflichten gewissenhaft erfüllt, aber gerade dieser innere Zwiespalt kompliziere die Angelegenheit. Sie fügte hinzu, wenn sie den Sprung wagte, dann würden zweifellos auch andere vernommen werden, auch ich und die Familie Salo, und das Schicksal von Tuure wäre besiegelt. Was nun sie selbst betraf, so wußte sie, daß sie, weil sie die Sache so lange für sich behalten hatte, ihre Haut nicht durch bloße Selbstkritik würde retten können, sondern in große Schwierigkeiten geraten werde, in die dann auch ihr Vater und alle ihre engsten Freunde hineingezogen werden müßten. Die Lage war so verwirrend wie sie nur hätte sein können.

Hertta wollte sich aus dieser Situation befreien und bat

mich deshalb, ihr noch vor dem Abschluß der Säuberungen eine Reise zu ermöglichen. Sie wäre gern eine ehrliche Kommunistin gewesen, aber wenn man an die Folgen dachte, dann wagte man nicht zu Ende zu denken. Wenn ihr Glaube gestärkt würde, dann würde sie sich selbst und Tuure opfern, um dem Recht zum Sieg zu verhelfen. Tuure würde nicht aus der Partei ausgeschlossen, sondern verhaftet werden, und das hatte er für seine Unbelehrbarkeit und die Unfähigkeit, ein kommunistisches Leben zu führen, verdient.

Hertta war äußerst erregt. Diese Analyse persönlicher Gefühle eines so intelligenten und vorurteilsfreien Menschen zeigte, wie durch und durch erschüttert sie war. Sie war völlig erschöpft und verstört; die Angelegenheit ging ihr sehr zu Herzen. Ich empfand aufrichtiges Mitgefühl für sie, denn ich mochte sie und ihren offenen, ehrlichen Charakter.

Die Überprüfung von Tuure, die kurz darauf erfolgte, verlief nach den geltenden Bestimmungen und Regeln. Wie ein erfahrener alter Bolschewik übte er Selbstkritik und sagte, er habe den Irrtum begangen, sich seinerzeit auf die Seite von Sinowjew zu stellen, habe es jedoch bereut und sei seither nicht im geringsten von der stalinistischen Linie abgewichen.

Beide überstanden die Säuberung glänzend, aber als aufrechte Kommunistin war Hertta nicht glücklich.

„Es ist schrecklich“, sagte sie, „daß ein Mensch nicht zu sagen wagt, was er sagen sollte. Was denken Sie als Kommunist darüber?“

Ich war damals noch ein ziemlich überzeugter Kommunist, mußte aber zugeben, daß mich die von der Partei veranlaßten Überprüfungen meiner guten Freunde und vieler anderer anekelten. Obwohl ich schon lange genug in der Sowjetunion lebte, um einiges zu sehen, hatte ich jetzt zum ersten Mal die Gelegenheit genau zu beobachten, wie absurd und lächerlich das ganze Parteileben war. Es war eine

Illustration dessen, was uns Tuure über das Pharisäertum gesagt hatte, das dieses ganze Leben beherrschte. Man konnte sich des Gedankens nicht erwehren, daß sich vielleicht alle diese Leute als Tuure Lehéns erweisen würden, wenn man sie näher kennenlernte. Und doch beteuerten sie, die geltende Doktrin zu unterstützen und der politischen Linie Stalins zu folgen.

Trotz der internationalen Schulung im Hotel Lux hatte sich Hertta so viel gesunden und idealistischen Kommunismus bewahrt, daß es ihr schwerfiel, nach der Säuberung ihr seelisches Gleichgewicht wiederzufinden.

Im weiteren Verlauf unseres Gesprächs stellte sich heraus, daß sie sich von Tuure und seinem ganzen antibolschewistischen Kreis trennen mußte. Außerdem hatten die beiden von Anfang an keine ideale Ehe geführt. Dazu war Tuure ein zu großer Zyniker. Außerdem gehörte er nicht zu den treuesten Ehemännern, und Hertta konzentrierte sich im Lauf der Zeit immer mehr auf die Erziehung ihres Sohnes Jurkka. Aber das Leben in der Enge eines kleinen Hotelzimmers war so schwierig, daß es ihr unmöglich erschien, den Jungen unter solchen Verhältnissen großzuziehen. Er entwickelte sich zu einem überempfindlichen und nervösen Kind und mußte in einem Heim für seelisch gestörte Kinder untergebracht werden.

Gegen Ende ihrer Ehe fiel es Hertta immer schwerer, mit Tuure zusammenzuleben, aber wegen der elenden Wohnverhältnisse mußten sie das gleiche Hotelzimmer miteinander teilen. Sie hätten sich schon vor Jahren trennen sollen. Hertta war ständig auf der Suche nach einer Wohnung. Zwar hätte sie zu ihrem Vater ziehen können, lehnte das aber kategorisch ab. Manchmal zog sie für einige Zeit zu ihren Freunden.

Schließlich zerbrach die Ehe daran, daß Tuure mit der Frau seines besten Freundes, Asser Salo, eine Beziehung angeknüpft hatte. Damals hatte sich Salo schon so weit an diesen elenden Zustand gewöhnt, daß er nicht mehr darauf reagierte, sondern seinem Leben und seiner Umgebung gegenüber vollkommen gleichgültig geworden war.

Für den Charakter von Hertta Kuusinen war es bezeichnend, daß sie gegenüber Aino Salo nie die geringste Verbitterung gezeigt hat. Wenn ich Hertta besuchte, waren oft auch die beiden Salos zu Gast. Oder wir gingen alle gemeinsam zu den Salos. Aber das geschah weniger häufig, weil sie Kinder hatten, und deshalb trafen wir uns gewöhnlich in dem Zimmer von Hertta und Lehén.

Die Abende vergingen in einer freundlichen Atmosphäre, und wir benutzten jede Gelegenheit, ein Fest zu feiern. Wir führten nicht nur politische Gespräche, sondern unterhielten uns auch über vieles andere. Asser und Tuure waren meist leicht angetrunken. Obwohl Hertta keinen Alkohol trank, wirkte sie viel lebhafter und fröhlicher als jeder andere und tanzte uns am Schluß gewöhnlich etwas vor.

Ihre Glanznummer war ein wilder Messertanz, bei dem sie zwei lange Brotmesser zwischen die Zähne nahm und übermütig den Rocksaum hob, so abgetragen dieses Kleidungsstück auch sein mochte. Damals war es ihr völlig gleichgültig, wie sie angezogen war, und als ich sie nach dem Krieg in Finnland wiedersah, traute ich kaum meinen Augen und wollte nicht glauben, daß die elegant gekleidete Dame bei der Eröffnung des Parlaments, dessen Mitglied sie geworden war, oder im Präsidentenpalast die gleiche Person war, die damals in Moskau eine alte Bluse und einen Fetzen getragen hatte, der an einen Rock erinnerte. Der wilde Messertanz fing gewöhnlich auf dem Fußboden an, dann verlegte sie ihn auf den Tisch und wirbelte im spanischen oder kaukasischen Stil umher. Wir anderen schlugen den Takt dazu und brüllten vor Vergnügen – und die Amazone raste.

Die Tragödie Kareliens

Man bezeichnete das zaristische Rußland im allgemeinen als das „Völkergefängnis", denn es umfaßte eine große Zahl verschiedener Nationalitäten, die unter Zwang dem Russischen Reich einverleibt worden waren. Nach ihrer Machtergreifung verkündeten die Bolschewiken, von nun an werde Rußland kein „Völkergefängnis" mehr sein; jetzt sei jede Nation frei und könne entscheiden, ob sie weiter zum großen Rußland gehören wolle oder nicht.

Das Selbstbestimmungsrecht der Völker war in der Tat einer der bedeutendsten Ecksteine der bolschewistischen Politik – ein drastisches und vielsagendes Motto. Sogar die Mitglieder der sozialen Schichten, für welche die bolschewistische sozialrevolutionäre Politik mit ihrer Diktatur des Proletariats eine Ausgeburt des Bösen war, akzeptierten bereitwillig ihre Nationalitätenpolitik.

Und man muß zugeben, daß die Bolschewiken nach Übernahme der Regierungsgewalt und kurze Zeit danach zumindest versucht haben, diese Politik zu verwirklichen. Das zeigte sich besonders im Hinblick auf Finnland, denn nach dem Untergang des Zarenreichs im Sommer 1917 waren die Bolschewiken die einzige Partei, die sich dafür einsetzte, daß Finnland, falls es das wünschte, seine Unabhängigkeit bekommen sollte.

1920 reiste Edvard Gylling auf Einladung Lenins nach Rußland, um die Verhältnisse in Ostkarelien in Ordnung zu bringen.

Wie er es stets zu tun pflegte, war Lenin sofort auf den Kern der Sache zu sprechen gekommen: Es war beabsichtigt, Karelien zu einem autonomen Staat zu machen, ein Gebiet, in dem die karelische Bevölkerung selbst ihr Schicksal im Rahmen der Russischen Sozialistischen Republik bestimmen konnte. Der leitende Organisator würde Gylling sein.

Gylling bildete nun ein revolutionäres Komitee, das am 1. Juli 1920 die Pan-karelische Konvention einberief. Auf diesem Kongreß wurden Beschlüsse über die Gründung des karelischen Gemeinwesens, seine Struktur und seine Funktionen verabschiedet und Grußtelegramme an Lenin, Kalinin, Trotzki und Sinowjew, aber nicht an Stalin geschickt. Stalin hat das nie vergessen, und die sowjetisch-karelischen Führer sowie die ganze Bevölkerung haben diese Unterlassung teuer bezahlen müssen. So wurde das karelische Gemeinwesen von seiner Gründung an zum Dorn im Auge Stalins.

Die Gründung der karelischen Kommune wurde wesentlich durch die Tatsache beschleunigt, daß die ostkarelische Frage damals für Finnland eine besondere Bedeutung hatte. Es war für die Sowjetregierung wichtig, den Finnen bei der bevorstehenden Friedenskonferenz von Tartu (Dorpat) sagen zu können, daß die ostkarelische Frage bereits nach den Wünschen der karelischen Bevölkerung entschieden sei. Doch trotzdem erwies sich dieses Problem als eine harte Nuß. Die Angelegenheit wurde schließlich geregelt, als die sowjetische Delegation bei der Unterzeichnung des Vertrags am 14. Oktober die Autonomie Ostkareliens feierlich bestätigte.

Nach den ursprünglich getroffenen Vereinbarungen sollte die Bevölkerung Kareliens das Verfügungsrecht über alle Erträge aus den natürlichen Hilfsquellen innerhalb des karelischen Gemeinwesens haben, nachdem der Gastgeberstaat, die Vereinigte Russische Sowjetrepublik, für seine Auslagen bei der Entwicklung dieser Hilfsquellen entschädigt worden war. So erlebte Karelien in der Tat verhältnismäßig rasch einen wirtschaftlichen Aufschwung, und diese Entwicklung vollzog sich, soweit ich weiß, schneller als in jedem anderen autonomen Gebiet in der Sowjetunion.

Als Ministerpräsident der Karelischen Autonomen Sozialistischen Republik hätte Gylling sich einen Regierungspalast oder wenigstens ein luxuriöses Wohnhaus bauen lassen können, aber er begnügte sich mit einer aus zwei Zimmern und einer Küche bestehenden Wohnung. Vor der Haustür stand kein Polizist oder Milizionär Wache, und er beschäftigte nicht einmal einen Hausmeister oder ein Dienstmädchen, obwohl er eine recht große Familie hatte. Jeder Bürger konnte den Premierminister in seiner bescheidenen Privatunterkunft oder in seinem Büro aufsuchen und sprechen. Und die Bürger wußten von diesem Vorrecht Gebrauch zu machen.

Gylling unternahm zahlreiche Besichtigungsreisen, nicht nur in die dichtbevölkerten Gebiete, sondern vor allem in die abgelegenen Dörfer. Ich habe ihn auf einigen dieser Inspektionen kreuz und quer durch den mittleren und südlichen Teil Sowjetisch-Kareliens begleitet. Er reiste niemals mit großem Gefolge, geschweige denn in Begleitung eines Polizisten oder Leibwächters.

An einem schönen Spätsommertag kamen wir nach Rajakontu, einem Ort am Ufer des Ladogasees unmittelbar an der ehemaligen finnischen Grenze. (Damit ist die finnisch-sowjetische Grenze gemeint, die bis 1939 bestand, als die Sowjetunion Finnland angriff und den Südostteil des Landes besetzte.)

Wir hielten mit unserem Wagen in der Mitte des Dorfes, und im nächsten Augenblick hatten sich fünfzig oder sechzig Personen um uns versammelt. Der Herr Ministerpräsident setzte sich auf einen Holzstapel neben der Straße, zündete seine Pfeife an, und der übliche Empfang konnte beginnen. Die Nachricht, daß Eduard Alexandrowitsch angekommen war, verbreitete sich schnell in der ganzen Gegend, und jeder, der einen Fuß vor den anderen setzen konnte, Männer und Frauen, alte Leute und Kinder, standen um den Holzstapel herum, wo die großen und kleinen örtlichen Probleme gelöst wurden. Manchmal erinnerte die Szene an die in alter Zeit üblichen Bürgerversammlungen, auf denen die Leute alle auf einmal redeten, und dann wurde es wieder ruhig und glich der Audienz eines Staatsoberhaupts, bei der ein Bittsteller nach dem anderen mit leiser Stimme seine persönlichen Sorgen vortrug, während sich die anderen etwas zurückzogen. Das alles geschah natürlich ganz ruhig und ohne viel Aufhebens.

Gylling war eine Ausnahmeerscheinung in der stalinistischen Sowjetwelt jener Tage. Angesichts einer immer rigoroser werdenden Diktatur und einer ständig weiter aufgeblähten Bürokratie bewies er, wie frei ein Ausnahmemensch selbst unter diesen Voraussetzungen handeln konnte und wie weit es möglich war, demokratische Methoden anzuwenden.

Die guten Zeiten währten nicht lange. Seit Lenin im Januar 1924 das Ruder des sowjetischen Machtapparats aus der Hand gegeben hatte, stellten sich der konstruktiven Arbeit Gyllings zahlreiche Hindernisse in den Weg.

Die Einwanderung von Russen verstärkte sich – und dabei darf man nicht vergessen, daß auch damals in der Sowjetunion niemand seinen Wohnsitz wechseln durfte, es sei denn auf Anordnung der Regierung.

Gylling stand auf verlorenem Posten. Stalin, der „Vertreter des großrussischen Nationalismus“, hielt an seiner Politik fest, und 1932 war der Anteil der Karelo-Finnischen Bevölkerung auf 33 Prozent geschrumpft.

Auf diese Weise hatte man die wesentlichste Voraussetzung für den Bestand dieses nationalen Gebiets, die Vereinbarungen über die Nationalitäten, unterwandert, wenn nicht gar zerstört. Auch die wirtschaftlichen Übereinkünfte verloren allmählich jede Bedeutung.

Zur gleichen Zeit begann die Russifizierung des Schulsystems und des gesamten Kulturlebens. Zunächst geschah dies nur zögernd, doch dann verstärkte sich der russische Einfluß, bis er zum skrupellosen, gewalttätigen Chauvinismus wurde.

Der Angriff gegen die Nationalstaaten begann 1935 auf breiter Front. Die *Prawda* und die *Iswestija* brachten lange Artikel, in denen behauptet wurde, der Nationalismus in Sowjetisch-Karelien nähme unerträgliche Formen an und müsse bekämpft werden. Schdanow – Gyllings Vorgesetzter in Leningrad – schickte seine Gefolgsleute nach Tshutov und Irglis mit dem Auftrag, die Säuberungen durchzuführen.

Es war schwierig, der politischen Führung der Republik ideologische Abweichungen nachzuweisen und sie deshalb anzugreifen.

Da sich auf dieser Ebene keine Angriffsfläche bot, mußten andere Möglichkeiten gefunden werden. Am 24. Juni, dem in der damals geltenden Fünftagewoche arbeitsfreien Tag, wurde auf dem Gelände der Kontupohja-Fabrik ein Sommerfest veranstaltet, zu dem Teilnehmer aus fast ganz Karelien zusammenströmten. Wie es in Karelien und Rußland üblich ist, verwendete man alle möglichen Dekorationen. Die vorherrschende Farbe war Rot, es waren aber auch andere Farben zu sehen. Die Veranstaltung wurde zu einem großen Erfolg. Die Stimmung unter den Tausenden von Teilnehmern war großartig.

Nach einigen Wochen erhielten Gylling und Rovio ein in scharfem Ton abgefaßtes Schreiben von der GPU-Zentrale in Moskau, in dem erklärt wurde, in Karelien habe sich ein lange unterdrückter Nationalismus in beispiellos flagranter Form manifestiert. Finnische Nationalisten hätten am Finnischen Flaggentag, dem 24. Juni, bewußt ein Sommerfest veranstaltet, während jenseits der Grenze im Weißen Finnland ähnliche Feiern stattgefunden hätten. Das sei aber nicht alles. Man habe blauweiße Fahnen gezeigt, und darüberhinaus habe der führende Mann der Parteiorganisation in Karelien, Rovio, eine Ansprache gehalten, aber nicht einmal er habe in dieser faschistischen Blasphemie etwas Unrechtes gesehen.

Die Organisatoren des Festes und wenigstens zehn angesehene Kommunisten, die daran teilgenommen hatten, erklärten, sie hätten weder kleine noch große blau-weiße Flaggen gesehen, sondern nur die üblichen Fähnchen.

Auf diese Rechtfertigungen reagierte Moskau mit der Erklärung, da hier unwiderlegbare Tatsachen bestritten würden, brauche man keine weiteren Beweise für die verräterischen Machenschaften in Karelien. Russische und karelische Zeugen hätten mit eigenen Augen die auf dem Fest gezeigten blau-weißen Fahnen gesehen.

Die Folgen ließen nicht lange auf sich warten. Gylling wurde nach Moskau verbannt, das er nicht verlassen durfte, und bekam eine schlechtbezahlte Stelle am Institut für Weltwirtschaft.

Der von Moskau neu eingesetzte Parteisekretär Irglis hatte sich nach Kräften bemüht, den Nationalismus in Karelien auszumerzen. Während des ganzen Jahres 1936 kam es zu Verhaftungen, und im Frühjahr 1937 wurde die Säuberungsaktion intensiviert, nachdem Schdanow auf einer geschlossenen Sitzung von Parteiaktivisten die Finnen scharf angegriffen hatte. Die Finnen lebten in ständiger Angst, bis das Unheil in den frühen Morgenstunden des 25. Juli über sie hereinbrach. Nun wurde sogar Irglis selbst als Spion verhaftet, denn während seiner Amtszeit hatte sich der finnische Nationalismus in Karelien verstärkt. In der gleichen Nacht wurden Gylling, seine Frau und Rovio in Moskau festgenommen. In Karelien wurden fast alle Mitglieder des Distriktkomitees und der karelischen Regierung ohne Rücksicht darauf, ob sie Finnen, Karelier oder Russen waren, verhaftet.

Kein einziger auch nur einigermaßen bekannter Finne oder Karelier blieb in der Regierung oder der Parteiführung. Alle Posten wurden von Russen besetzt. Das Parteisekretariat übernahm der berüchtigte Kuprianow, der in seiner Antrittsrede wütend erklärte: „Ich werde keine Nacht mehr ruhig schlafen, bevor nicht der letzte Finne aus Petrosawodsk verbannt worden ist."

Damit begann die von den Finnen so bezeichnete Periode des „großen Hasses".

Die Schilderung des Schicksals bekannter Finnen, die dem großen Haß der Stalinistischen Ära zum Opfer gefallen sind, würde Hunderte von Seiten füllen. Es war praktisch unmöglich, irgend etwas zu tun, ohne daß die GPU es einem als Schurkerei und Sabotage auslegte.

Der ehemalige finnische Parlamentsabgeordnete Kyhälä, der in Finnland einen Bauernhof besessen hatte, war zum Leiter eines staatlichen landwirtschaftlichen Betriebes, einer Sowchose, ernannt worden. Da in der Sowjetunion alle Arbeiten nach einem Plan zu leisten sind, hatte er den Befehl bekommen, die Getreideaussaat zu einer bestimmten Zeit vorzunehmen. Zu dieser Zeit herrschte jedoch in jenem Teil Kareliens noch strenger Winter, und deshalb meldete Kyhälä, die Aussaat könne erst erfolgen, wenn der Boden nicht mehr gefroren sei. Um sicherzugehen, hielt er Rücksprache mit Gylling, der ihm sagte, er solle sich nicht um den Befehl kümmern und nach eigenem Gutdünken handeln. Aber die Russen entließen Kyhälä und schickten einen Politruk in die Sowchose, der die Aussaat zur befohlenen Zeit vornahm. Etwa fünfzig Hektar Ackerland wurden bestellt, doch die Saat ging nicht auf.

Kyhälä wurde wegen Sabotage vor Gericht gestellt.

Angesichts dieses schizophrenen Wahnsinns kann es einen nicht mehr verwundern, daß im Verlauf der Säuberungsaktionen die Einwohner eines großen karelischen Dorfes bis auf einen sechzigjährigen alten Mann und einen sechzehnjährigen Jugendlichen liquidiert wurden.

Aus der Distanz läßt sich vieles ruhiger beurteilen, mag es auch noch so sinnlos erscheinen. Aber kann man ruhig an eine fast vollständig ausgerottete Intelligenz denken – an jene etwa zwanzigtausend Finnen, die das geistige und industrielle Rückgrat der karelischen Republik bildeten und fast alle ermordet wurden? Oder an die karelische Republik selbst, die trotz aller feierlichen Beteuerungen verstümmelt und in einen russischen Staat verwandelt wurde, oder an die zahlreichen kleinen Republiken an den Grenzen Rußlands, die vom gleichen Schicksal ereilt wurden?

Trennung und Abrechnung

Zweifellos wird der Leser, der meinen Ausführungen bis zu diesen letzten Seiten gefolgt ist, wissen wollen, ob auch ich zur Vernichtung meiner finnischen Genossen beigetragen habe und in welcher Weise?

Ich kann Ihnen versichern, daß ich kein einziges meine Genossen belastendes Schriftstück unterschrieben habe. Im Gegenteil, ich habe ungezählte Erklärungen zur Verteidigung von Personen unterzeichnet, die ich kannte und über deren Tätigkeit ich Bescheid wußte. Ich fürchte, diese Empfehlungsschreiben haben nur selten etwas genützt, denn in der damaligen Lage handelte die GPU gemäß ihren eigenen Maßstäben und Definitionen.

Ich kann mich nicht rühmen, ein besonders mutiger Mann oder anders gewesen zu sein als die anderen. Ich habe mich genauso verhalten wie fast alle anderen Personen in führenden Stellungen. Eine Anekdote, die man sich über den Generalsekretär Chruschtschow bei seiner berühmten Rede auf dem Parteikongreß von 1956 erzählt, tritt genau auf meine Haltung zu.

Nachdem er die furchtbaren Verbrechen Stalins aufgezählt und sein despotisches Verhalten gegeißelt hatte, schickte ihm einer der Beteiligten einen Zettel mit der Frage: „Was haben Sie, Genosse Chruschtschow, getan, während Stalin diese Verbrechen verübte?“

Chruschtschow las die Notiz laut vor und fragte dann:

„Würde der Genosse, der das geschrieben hat, bitte aufstehen?" Unter den mehr als eintausendfünfhundert Delegierten wagte es niemand, sich zu erheben.

Chruschtschow starrte die Versammlung an und sagte: „Wir haben genau das getan, was der Genosse tut, der dies geschrieben hat."

Ja, unter den herrschenden Umständen war es außerordentlich schwierig, den Helden zu spielen.

Man muß die Gelegenheit haben, einen solchen heroischen Selbstmord zu begehen. Wäre ich in Moskau gewesen, als man mir im Herbst 1939 den Posten des Ministerpräsidenten in der von Stalin eingesetzten Terijokiregierung anbot, hätte ich wahrscheinlich nicht die Möglichkeit gehabt, den Auftrag zurückzuweisen, denn meine Ablehnung hätte mein stillschweigendes Verschwinden in der Anonymität bedeutet. Doch zu jener Zeit befand ich mich in Stockholm, wo ich die Freiheit hatte, das Angebot abzulehnen. Dieses Beispiel soll nur zeigen, daß der gewöhnliche Mensch (Heilige und moralisch sehr hochstehende Persönlichkeiten ausgenommen) wenigstens ein gewisses Maß an Freiheit braucht, um als Held zu erscheinen.

Als sich die Verhältnisse 1937 von Monat zu Monat zuspitzten und die Parteiarbeit für Finnland zunehmend schwieriger wurde – mit anderen Worten, als der Eiserne Vorhang immer undurchdringlicher wurde und man den Eindruck haben mußte, daß uns die persönliche Freiheit endgültig genommen werden würde –, machte ich Kuusinen den Vorschlag, daß ich, um als Parteisekretär meine Arbeit erfolgreich fortzusetzen, nach Stockholm gehen sollte, da ich meine Aufgaben von Moskau aus nicht mehr erfüllen könne.

Außerdem waren Antti Hyvönen und Inkeri Lehtinen, welche die Parteiarbeit in Stockholm geleitet hatten, nach Moskau zurückgerufen worden, und ihr technischer Assistent, Yrjö Enne, hatte sich in so gefährlicher Weise kompromittiert, daß die Komintern angeordnet hatte, ihn von allen Parteiaufgaben zu entbinden. Er hatte aus Nachlässigkeit – aber wohl kaum absichtlich, wie die GPU behauptete – die Codechiffren und eine Reihe von Geheimadressen an einem Ort liegengelassen, wo sie der Polizei in die Hände gefallen waren, was zu zahlreichen Verhaftungen führte. Die drei Männer ließen in Stockholm ein beträchtliches Durcheinander zurück. In zwei Fällen waren Parteigelder „verschwunden" – zuerst vierzehntausend und dann zweitausendfünfhundert Kronen. Außerdem hatte Hyvönen den Finnen Jarno Pennanen auf Kosten der Partei nach Paris geschickt und mit Aufgaben betraut, von denen die Partei nichts wußte, die ihr keinen Nutzen brachten, wofür sie jedoch hohe Summen ausgeben mußte, denn Jarno konnte sich längere Zeit nicht von Paris losreißen. Das Sekretariat der Komintern verlangte energisch eine Abrechnung, und Moskwin weigerte sich, der Partei eine einzige Krone oder einen Dollar zu geben, bevor die von Hyvönen, Enne und Inkeri verschuldeten Unregelmäßigkeiten in Ordnung gebracht waren.

Auch aus diesem Grund war der Augenblick günstig für mich, den Vorschlag zu machen, ich sollte selbst nach Stockholm reisen. Kuusinen erwärmte sich sofort für diese Idee, und wir gingen zusammen zu Dimitrow und Manuilski, um unsere Pläne mit ihnen zu besprechen. Zugleich ließ ich mir für meine Frau eine Ausreiseerlaubnis ausstellen. Wir hatten schon eine so lange Wegstrecke gemeinsam zurückgelegt, daß wir uns jetzt nicht mehr trennen wollten. Außerdem brauchte ich für meine Arbeit einen zuverlässigen und leistungsfähigen Gehilfen. Natürlich stand auch der Gedanke dahinter, daß ich sie unter keinen Umständen als Geisel zurücklassen wollte.

Alles ließ sich ohne Schwierigkeiten arrangieren. Sogar meine Frau bekam sofort die Erlaubnis, Moskau zu verlassen. Sie durfte allerdings nicht mit mir zusammen reisen, sondern kam auf einem anderen Weg nach Stockholm.

Natürlich wird der Leser jetzt fragen: „Warum hat sich ein Mann, der all das erlebt hatte, was bisher geschildert worden ist, als er in die Freiheit gelangt war, nicht sofort von seinen Fesseln befreit und die ganze Welt davon unterrichtet, welche Zustände wirklich im Imperium Stalins herrschten?"

Es ist sehr leicht, sich vom Kommunismus gefangennehmen zu lassen. Es ist aber sehr viel schwerer, sich von ihm zu lösen, besonders wenn man in eine führende Stellung aufgerückt ist.

Und besonders einem Finnen wird es schwerfallen zuzugeben, daß er sich geirrt hat. Der Finne ist hartnäckig, neigt nicht dazu, sich zu beklagen und entschließt sich nur schwer, um Vergebung zu bitten. Man muß Belastungen ertragen können und darf nicht zugeben, daß man vielleicht einen Fehler gemacht hat. In der Erklärung, „ich habe nun einmal diesen Weg eingeschlagen", liegt ein gewisser Starrsinn. Auch wenn der Frost die Aussaat vernichtet hat, behilft man sich damit, daß man gemahlene Baumrinde ins Mehl mischt und so den Mangel überbrückt.

Wenn man wie ich die besten Jahre seines Lebens damit zugebracht hat, für eine bestimmte Sache zu arbeiten und zu leiden, dann gibt man auch sich selbst gegenüber nicht gerne zu, daß alles nur eine Täuschung und vergebliche Mühe gewesen ist. Es liegt in der menschlichen Natur, das eigene Handeln logisch interpretieren zu wollen, und so habe ich versucht, mich davon zu überzeugen, daß es allein die Schuld Stalins gewesen sei, daß der Kommunismus auf Abwege geriet – wie anders hätte sich alles entwickelt, wenn Lenin der Führer gewesen wäre!

Darüber hinaus ist es nicht leicht, den Vorwurf der eigenen Genossen zu ertragen, man sei ein Verräter. Ein weiterer Faktor, der einen von einem solchen Schritt abhält, ist die Erkenntnis, daß ein Renegat – besonders wenn er an führender Stelle gestanden hat – sein Leben riskieren könnte. Die meisten, die sich vom Kommunismus lossagen, tun es deshalb so unauffällig wie möglich. Sie geben die Parteiarbeit auf und ziehen sich in den Hintergrund zurück. Das ist der einfachste Weg und nicht so riskant wie die offene Rebellion. So lebte auch ich die nächsten Monate weiter, ohne noch wirklich vom Wert des Kommunismus überzeugt zu sein, tat aber so, als hoffte ich auf bessere Zeiten. Vielleicht würde irgend etwas Unerwartetes geschehen; Stalin könnte gestürzt werden oder sterben, und dann würde sich die Lage bessern.

Während ich mich mit diesem Wunschdenken zu trösten versuchte, vergingen die Monate, bis im August 1939 die Bombe platzte. Das war der Hitler-Stalin-Pakt. Für mich war das sozusagen der letzte Tropfen, der den Krug zum Überlaufen brachte. Bis zum letzten Augenblick hatte ich die Hoffnung genährt, daß Stalin, wenngleich er die Sache des Kommunismus in vieler Hinsicht verraten hatte, die Sache des Friedens nicht verraten könne oder es nicht wagen würde. Mit Hitlers Angriff und Stalins Dolchstoß in den Rücken Polens war auch diese Hoffnung geschwunden.

Zugleich wurde deutlich, daß die Komintern und die kommunistischen Parteien – das heißt auch die Finnische Kommunistische Partei – nicht nur dazu eingespannt worden waren, die Sowjetunion bei der Verfolgung ihrer imperialistischen Ziele zu unterstützen, sondern auch die Angriffe des nationalsozialistischen Deutschland gutzuheißen. Die Führer der Komintern rechtfertigten den Angriff Hitlers gegen Polen und später die Besetzung Dänemarks, Norwegens, Hollands, Belgiens, Luxemburgs und Frankreichs. Stalin und Dimitrow befahlen der Finnischen Kommunistischen Partei, sich nicht mehr für die Sache Finnlands einzusetzen, sondern für die Hitlers und Stalins, deren Vorgehen durchaus nicht im Interesse der finnischen Arbeiter lag.

Mit anderen Worten, die Komintern befahl den kommunistischen Parteien aller Länder, den Hitler-Stalin-Pakt zu begrüßen, und verbot es unmittelbar nach seinem Abschluß den Arbeitern Polens, der Tschechoslowakei, Dänemarks, Norwegens, Hollands, Belgiens und vieler anderer Länder, gegen das nationalsozialistische Deutschland zu kämpfen, ja verlangte sogar von ihnen, daß sie sich ohne Widerstand zu leisten den Nationalsozialisten unterwarfen.

Als geistiges Erbe meiner Familie gelten für mich sehr hohe moralische Maßstäbe in dem Sinne, daß es bestimmte Moralgesetze gibt. Das sind nicht unbedingt die in der Bibel oder im Neuen Testament niedergelegten, aber doch Gesetze, die sich im Rahmen der westlichen Kultur entwikkelt haben. Die Ethik des Kommunismus ist in Wirklichkeit eine jesuitische Ethik – der Zweck heiligt die Mittel –, und diesen Grundsatz habe ich auch in meiner rabiatesten kommunistischen Periode nicht akzeptieren können.

Später haben meine Kritiker behauptet, selbst als ich die höchsten Posten innehatte – im Präsidium der Komintern und als Sekretär der Finnischen Kommunistischen Partei – sei ich kein echter Kommunist gewesen, denn ich hätte die kommunistische Ethik nicht gebilligt. Damit hatten sie vollkommen recht. Ich war kein Kommunist. Immer wieder stieß ich mich an diesen jesuitischen Moralbegriffen. Nach meiner Meinung heiligt der Zweck nicht die Mittel. Die Mittel, an die sich die Arbeiterklasse gebunden fühlen soll, müssen bestimmte durch Parteibeschlüsse festgelegte Gesetze sein, aber darüberhinaus sagt einem das eigene Gewissen, was Recht und was Unrecht ist. Das hat in meiner ganzen Entwicklung und später eine entscheidende Rolle gespielt, als für mich bei der Bildung der Terijokiregierung der Augenblick der Wahrheit kam und diese Moral, nach der der Zweck die Mittel heiligt, auf den Prüfstein gelegt wurde. Hier war die Stimme des Gewissens entscheidend. Ich wollte mich für einen solchen Zweck nicht mißbrauchen lassen. An diesem Spiel konnte ich mich nicht länger beteiligen.

Nachdem ich die Angelegenheit viele Male mit meiner Frau besprochen hatte, die mich begeistert unterstützte, kam ich zu dem Schluß, daß es das Beste sein würde, wenn ich mich in aller Stille aus der aktiven Parteiarbeit zurückzöge. Ich traf bereits die Vorbereitungen für diesen Schritt, als ich durch eine plötzliche Entscheidung in eine Zwangslage gebracht wurde.

Am 13. November 1939 befahl mir die Komintern, nach Moskau zu kommen und den Posten des Premierministers der von der Sowjetführung in Terijoki gebildeten Regierung zu übernehmen. Ich lehnte ab und erhielt darauf einen neuen Befehl, diesmal von Stalin persönlich. Jetzt konnte ich mich nicht mehr unauffällig ins Privatleben zurückziehen, sondern mußte mich entscheiden, ob ich ja oder nein sagen wollte, denn ich erkannte, daß der Befehl, den ich bekommen hatte, einen unmittelbar bevorstehenden Angriff gegen Finnland anzeigte.

In der nun folgenden Zeit habe ich schwer mit mir selbst gerungen. Tag und Nacht versuchte ich, mir Rechenschaft abzulegen und Recht gegen Unrecht abzuwägen, und das Ergebnis war die Erkenntnis, daß mein Platz an der Front neben jenen finnischen Männern und Frauen war, die ihr Vaterland gegen einen Angreifer verteidigten.

Meine Gedanken kehrten zurück zu den langen Jahren im Gefängnis, wo meine Genossen und ich in der Einsamkeit der Gefängniszelle davon geträumt hatten, daß eines Tages die Arbeiterklasse in Finnland an die Macht kommen werde. Wir träumten von dem Augenblick, in dem wir würden sagen können, daß unsere Opfer und Leiden nicht umsonst gewesen seien. Wir träumten von einem neuen Staat, einer neuen Gesellschaft, die unseren Ideen und Idealen entsprach.

Während der kritischen Tage in jenem November standen mir die Träume der Jahre in der Gefangenschaft immer wieder vor Augen. War der Augenblick, auf den wir damals gehofft hatten, jetzt gekommen? Konnte die Arbeiterklasse in Finnland unter Ausnutzung des in Europa herrschenden Chaos die Macht ergreifen und schrittweise den Weg zum

Sozialismus freimachen? Wenn das so war, sollte ich, der ich mein ganzes Leben dieser Sache verschrieben hatte, nicht daran teilnehmen?

Ich legte mir diese Fragen immer wieder vor und bekam jedes Mal die gleiche klare, eindeutige Antwort: Wenn es wirklich darum ging, die Lebens- und Arbeitsbedingungen des finnischen Arbeiters auch nur geringfügig zu verbessern, dann mußte ich mich selbstverständlich an diesen Bemühungen beteiligen.

Jedesmal wenn ich mit meinen Überlegungen an diesen Punkt gekommen war, quälten mich Zweifel daran, ob es jetzt wirklich um diese Frage ging. Gab es irgendwelche Anzeichen dafür? Deuteten nicht alle Vorbereitungen darauf hin, daß es hier um ein Unternehmen ging, das unseren Ideen und Überzeugungen widersprach? Bildete der deutsch-sowjetische Pakt nicht einen grausigen Hintergrund für dieses Problem? Erinnerten diese Vorgänge nicht in verdächtiger Weise an die Reaktionen Österreichs, der Tschechoslowakei und Polens? Ich sah mich schon in der Rolle eines elenden, zitternden und verabscheuungswürdigen Hàcha vor Stalin und Molotow stehen und sie darum *bitten, daß die Rote Armee das finnische Volk befreien sollte.* (Emil Hàcha, das „Staatsoberhaupt" in der von den Deutschen besetzten Tschechoslowakei.)

Oder ich sah mich als „Gouverneur" wie die Kreaturen Hitlers: Forster, Henlein und Seyß-Inquart. *Und ich war entsetzt.* (Albert Forster in Danzig, Konrad Henlein in den deutschsprachigen Gebieten der Tschechoslowakei und Arthur Seyß-Inquart in Österreich.)

Und während ich diese inneren Kämpfe ausfocht, flüsterte mir der Teufel ins Ohr: „Aber denke doch nur daran, welche Stellung du einnehmen würdest. Wäre es nicht großartig – ein so hoher Rang! Dann könntest du mit all deinen Gegnern abrechnen. Du solltest die gegenwärtigen Machthaber in Finnland nicht bemitleiden. Haben sie dich nicht für fast zehn Jahre ins Gefängnis geworfen und für mehr als sieben Jahre ins Exil geschickt? Du kannst doch nicht behaupten, daß dich dein Vaterland besonders freundlich behandelt hat. Vielleicht werden die Menschen eines Tages diesen schrecklichen Anfang vergessen, und vielleicht werden finnische Männer trotz allem noch die Gelegenheit haben, das Schicksal Finnlands zu bestimmen. Außerdem läßt sich der Gang der Ereignisse nicht mehr aufhalten – er folgt den Entscheidungen von Männern wie Hitler und Stalin. Im Kampf gegen solche Kräfte würdest du dich nur selbst vernichten."

Zwar gingen mir solche Gedanken durch den Kopf, aber die Antwort meines Gewissens auf jede derartige Versuchung lautete: „Es wäre falsch; es wäre verbrecherisch. Es bedeutete den Verrat der eigenen Überzeugungen für ein paar armselige persönliche Vorteile. Es wäre ein Verrat an der finnischen Nation und ihrer Sache. Und es wäre ein Verrat an den Grundsätzen des Sozialismus."

Und nach all diesen Überlegungen erkannte ich deutlich, daß die Folge eines solchen blutigen Vernichtungskrieges nicht eine freie Demokratie und nicht ein ehrenvolles glückliches Leben, sondern die Erinnerung an jene Hunderte meiner engsten Freunde und Genossen sein würde, die als Zwangsarbeiter und ausgelaugte menschliche Wracks auf den endlosen Steppen Rußlands Gräben aushoben. Nach meiner Vorstellung symbolisierten sie das dem finnischen Volk bevorstehende Schicksal.

Je länger mich diese Gedanken quälten, desto klarer erkannte ich, daß es hier nicht um die Befreiung der finnischen Arbeiterklasse ging, sondern um ein grausiges Verbrechen, an dem ich mich nicht beteiligen durfte. Wir hatten unseren Arbeitern auf großen Versammlungen gesagt, die Sowjetunion unterscheide sich von den imperialistischen Ländern dadurch, daß sie keine geheimen Abkommen oder Bündnisverträge hinter dem Rücken ihrer Bevölkerung oder der Arbeiterklasse der Welt abschlösse; ihre Außenpolitik sei offen und ehrlich, und sie werde niemals ein anderes Land angreifen. Ihre Politik sei die Politik des Friedens, die den Krieg als ungeheuerliches Verbrechen verdamme. Wie konnten wir uns jetzt an diesem Verbrechen beteiligen, wie konnten wir den Arbeitern in die Augen sehen, ohne uns als Schurken zu fühlen, da wir sie doch das Gegenteil gelehrt hatten?

Ich wollte lieber noch einmal zehn Jahre im Gefängnis sitzen oder den Rest meines Lebens im Exil zubringen als zu einem Werkzeug solcher Machenschaften zu werden.

Nein, hier konnte es nicht darum gehen, das finnische Volk zu befreien. Dieser Krieg war nicht der Kampf finnischer Arbeiter um die Befreiung aus der Sklaverei ihrer Ausbeuter. Er wurde nicht von der finnischen Arbeiterschaft gegen die Kapitalisten ihres eigenen Landes geführt, sondern von der Armee einer ausländischen Macht gegen das finnische Volk und vor allem gegen die Arbeiterklasse.

Wie rechtfertigten sich die Angreifer? Stalin behauptete, Finnland habe den Krieg mit den Schüssen bei Mainila begonnen.

Es kommt nicht darauf an, ob diese Schüsse abgefeuert worden sind oder nicht. Sie waren nicht der Kriegsgrund, sondern nur ein Vorwand. Die Sowjetunion hatte sich spätestens am 13. November schon für den Krieg entschieden, als ich zum ersten Mal den Befehl bekam, nach Moskau zurückzukehren.

Als zweiten Kriegsgrund gab Stalin offiziell an, Finnland sei eine Brutstätte für gegen die Sowjetunion gerichtete feindliche und gefährliche Unternehmungen, und die finnische Regierung habe die Forderungen der Sowjetregierung im Hinblick auf die Sicherheit Leningrads nicht berücksichtigt. Ich persönlich hatte gehofft, die finnische Regierung werde die sowjetischen Forderungen im Herbst 1939 erfüllen. Nach meiner Auffassung wäre sie dazu gezwungen gewesen, wenn Stalin eine friedlichere Politik verfolgt hätte – die von ihm verkündete Friedenspolitik – und die Geduld aufgebracht hätte, auch nur die wenigen Monate zu warten, in denen er seine eigenen und finnischen Soldaten opferte. Stalin entschied sich für den Krieg, bevor alle friedlichen Möglichkeiten für eine Lösung dieser Frage erschöpft waren, und deshalb darf man mit Recht annehmen, daß er von vorneherein den Krieg wollte und nicht die friedliche Erfüllung seiner Forderungen. Er wollte der Welt zeigen, daß die starke Rote Armee innerhalb weniger Tage in Helsinki einmarschieren konnte.

Ich kam daher zu dem Schluß, daß der finnisch-sowjetische Krieg kein gerechter kommunistischer Krieg, sondern ein rein imperialistischer Angriffskrieg war. Und das war deprimierend für mich.

Am 23. November schickte ich eine weitere Absage nach Moskau und erklärte, der mir erteilte Auftrag stelle zu hohe Anforderungen an mich, und deshalb würde ich nicht reisen.

Etwa um die gleiche Zeit, als ich mich weigerte, in die Terijokiregierung einzutreten, spitzte sich die Lage immer mehr zu und erreichte am 30. November 1939 ihren kritischen Punkt, als die Sowjetunion Finnland angriff. Damit begann der Winterkrieg.

Am 1. Dezember wurden die finnische Bevölkerung und die ganze Welt von einem vom Moskauer Rundfunk verlesenen Bulletin überrascht: „Auf Grund einer Vereinbarung zwischen verschiedenen Linksparteien und meuternden finnischen Soldaten ist in Terijoki eine neue finnische Regierung gebildet worden, die Volksregierung der Finnischen Demokratischen Republik unter der Führung von Otto Wille Kuusinen."

Terijoki war eine finnische Kreisstadt, zehn Kilometer von der sowjetischen Grenze und vierzig Kilometer von Leningrad entfernt.

Welches waren diese „verschiedenen Linksparteien"? Zu jener Zeit gab es in Finnland zwei Linksparteien, die Sozialdemokratische und die Kommunistische Partei, und keine von ihnen hatte mit diesem Unternehmen etwas zu tun. Woher kamen die Begründer dieser neuen Regierung und wen repräsentierten sie? Es waren erfundene Schattenfiguren – ebenso wie die „meuternden Soldaten“.

Zwei Armeen standen sich im Kampf gegenüber, aber auch der Gehilfe und sein Meister befanden sich nun als Gegner in zwei verschiedenen Lagern. Der Meister Otto Wille Kuusinen wurde Ministerpräsident in der Terijokiregierung. Er versuchte mit allen Mitteln, mich für diesen Posten zu gewinnen. Er selbst war von vorneherein für das Amt des Präsidenten vorgesehen. Nach meiner Weigerung mußte er im eigenen Namen eine Regierung bilden, denn alle anderen Mitglieder der Terijokiregierung waren so unbekannt, daß die meisten Finnen nicht einmal ihre Namen kannten. Man hatte vor allem deshalb auf sie zurückgreifen müssen, weil sich von den sieben Mitgliedern des Zentralkomitees der Finnischen Kommunistischen Partei, die in der Sowjetunion gewählt worden waren, nur noch Kuusinen selbst auf freiem Fuß befand.

Nach meinen Berechnungen hätten aus den finnischen Kommunisten in der Sowjetunion eine ganze Reihe durchaus sachkundiger Regierungen gebildet werden können, hätte Stalin nicht die besten Kader der Finnischen Kommunistischen Partei so gründlich liquidiert, daß sie zur Stunde der Revolution, als sie dringend gebraucht wurden, nicht mehr am Leben waren.

Als nach dem Kriege die Regierungsgewalt in Finnland ebenso wie in der Tschechoslowakei von den Kommunisten hätte übernommen werden können, wurde nichts daraus, weil es an geeigneten Führern fehlte.

Hier muß gesagt werden, daß ich mit der Ablehnung, in die Terijokiregierung einzutreten, meinen Posten als Generalsekretär der Finnischen Kommunistischen Partei nicht aufgegeben habe. Im Gegenteil, ich betonte ausdrücklich, daß ich immer noch Generalsekretär der Partei sei und auch weiterhin an ihrer Spitze stünde. Dabei standen mir zweitausendfünfhundert gut ausgebildete aktive Mitglieder der Finnischen Kommunistischen Partei sowie zweihundertfünfzig Saboteure mit einer Spezialausbildung für die Sprengung von Brücken, Eisenbahnen und Fabriken zur Verfügung. Als ehemaliger zweiter Vorsitzender und langjähriger Generalsekretär der zentralen Föderation der finnischen Gewerkschaften hatte ich außerdem einen beträchtlichen Einfluß innerhalb der Gewerkschaftsbewegung.

Als die ersten Bomben fielen, waren es nicht nur wenige Tausend, sondern Zehntausende und vielleicht sogar einige Hunderttausend Finnen, die entscheiden mußten, auf welcher Seite sie standen.

Ich glaube, wenn der Generalsekretär der Finnischen Kommunistischen Partei, unterstützt von den Mitgliedern des Zentralkomitees, den Befehl gegeben hätte, sich hinter Otto Wille Kuusinen und seine Terijokiregierung zu stellen, wäre eine völlig andere Lage entstanden. Höchstwahrscheinlich wäre sogar ein Bürgerkrieg in Finnland ausgebrochen. Viele hätten sich geweigert, in der Armee zu dienen, die Arbeit in den Fabriken wäre eingestellt worden, Brücken wären gesprengt worden und so weiter. Es wäre vielleicht ein solches Chaos entstanden, daß es die Rote Armee und die Terijokiregierung sehr viel leichter gehabt hätten, gegen Helsinki zu marschieren, als unter den damals wirklich herrschenden Umständen.

Nachdem ich mich geweigert hatte, in die Terijokiregierung einzutreten, ließ ich über mein eigenes Nachrichtennetz verbreiten, wir müßten auf der Hut sein. Wir dürften den aus Moskau kommenden Befehlen und Anordnungen nicht mehr trauen.

Am 30. November unterrichtete ich sofort die Mitglieder des Zentralkomitees, die Führer der Distriktkomitees und die Führung der örtlichen Komitees – wieder über mein eigenes Nachrichtennetz – davon, daß jetzt zwei faschistische Diktatoren, Stalin und Hitler, beschlossen hatten, die kleinen Nationen zu vernichten. Polen hatten sie bereits zerschlagen. Litauen, Lettland und Estland drohte die gleiche

Gefahr. Und nun war auch Finnland an der Reihe. Unter keinen Umständen sollten sich die finnischen Arbeiter oder die Finnische Kommunistische Partei an diesen Machenschaften beteiligen. Alle Kräfte müßten gegen einen solchen Angriff mobilisiert werden. Vor allem müsse jeder Kommunist, der jetzt verdächtigt werde, unpatriotisch zu sein, besondere Anstrengungen unternehmen, seinen Patriotismus zu zeigen. Dieses sei der fortschrittliche, gerechte Krieg, von dem Marx gesprochen habe, ein Krieg, in dem eine kleine Nation ihre Existenz und ihre Souveränität verteidigte.

Als die finnische Nation wie ein Mann diesen schweren und zeitweilig hoffnungslos erscheinenden Kampf führte, stand ich voll und ganz auf ihrer Seite und versuchte, meinen Beitrag zu diesem Ringen zu leisten.

Ich brachte meine Auffassungen in einer auf meine Kosten gedruckten Broschüre zum Ausdruck, die den Titel trug, „Ein offener Brief an einen finnischen Arbeiter und Genossen". Mit Hilfe gewisser Arbeiterorganisationen wurden große finnischsprachige Auflagen gedruckt und dann in Finnland verteilt. Später erfuhr ich, daß meine Schrift einen entscheidenden Einfluß auf die Stimmung im Lande gehabt hatte.

Mit anderen Worten, ich befehligte meine eigene „Brigade" im Winterkrieg, und das war die Finnische Kommunistische Partei. Das hat später viele überrascht, und Feldmarschall Mannerheim wunderte sich darüber, daß ich mich mit meiner Brigade nicht der regulären finnischen Armee angeschlossen hatte. Ich erklärte, ich stünde nicht im Dienst der finnischen Armee oder finnischer Beamter. Ich sei Generalsekretär der Finnischen Kommunistischen Partei und kämpfte mit meiner Brigade wenigstens ebenso wirkungsvoll wie sie unter dem Kommando der finnischen Armee gekämpft hätte.

Natürlich mißtraute man dieser Brigade in den ersten Kriegstagen. Aber die militärischen Verbände, denen viele aktive Kommunisten angehörten, haben noch tapferer gekämpft als die Truppenteile der Heimwehr. Und so nahm die Überzeugung, daß die Kommunisten sich tatsächlich an diesem Ringen beteiligten während des ganzen Winterkrieges täglich zu.

Mehr als alles andere hat es der im Winterkrieg bewiesene Gemeinschaftssinn des finnischen Volkes ermöglicht, daß sich Finnland einhundertfünf Tage gegen die überwältigende zahlenmäßige und materielle Überlegenheit der Russen verteidigen konnte. Als der Krieg am 13. März 1940 mit einem Waffenstillstand zu Ende ging, verlor Finnland allerdings etwa ein Zehntel seines Territoriums, nicht aber seine Unabhängigkeit.

Während ich diese Arbeit leistete und das Schicksal Finnlands auf dem Schlachtfeld entschieden wurde, liquidierte ich auch weiterhin meine ideologischen Insolvenzen.

Nach meinen theoretischen Studien in den Jahren, die ich in Finnland im Gefängnis zugebracht hatte, erhielt ich die Gelegenheit, den angewandten Sozialismus und Kommunismus in der Sowjetunion kennenzulernen. Zu Beginn in der Zeit von 1933 bis 1935 waren das lohnende und sogar erfreuliche Erfahrungen. Doch dann kam eine Zeit, in der man weder von Sozialismus noch von Kommunismus, sondern nur von der Diktatur sprechen konnte. Ich stellte fest, daß all diese schönen Ideale und Ideologien in sich zusammengebrochen waren, und sah mich von den Trümmern meiner Träume umgeben.

In dieser Lage hat mir meine Frau die denkbar größte Hilfe geleistet. Ihr unerschütterlicher Gerechtigkeitssinn hat meine Entschlußkraft so weit unterstützt und gestärkt, daß meine inneren Kämpfe sich nicht darauf beschränkten, Luftschlösser zu bauen und die gegenwärtige Lage zu bejammern, sondern eine öffentliche Abrechnung daraus wurde. Ich war der Partei aus ideologischen, sie aber nur aus technischen Gründen beigetreten. Erst als ich mich vom Kommunismus und der Komintern lossagte, verfolgten wir die gleiche Linie. Als ich erklärte, ich würde es ablehnen, in die Terijokiregierung einzutreten, sagte mir meine Frau, die sich bis dahin weder dafür noch dagegen ausgesprochen hatte, sie sei sehr glücklich über meinen Entschluß.

„Vielleicht bedeutet es", fügte sie hinzu, „daß wir beide unser Leben sehr plötzlich werden beenden müssen, aber doch war das wahrscheinlich der weiseste Entschluß, den du je gefaßt hast."

Kurze Nachbemerkung

Die Memoiren von Arvo Tuominen enden mit seinem Bruch mit dem Kommunismus Stalinscher Prägung im Spätherbst 1939. Danach blieb Tuominen mehr als 16 Jahre lang in Schweden. Er hatte sich vom Kommunismus Stalinscher Prägung losgesagt – behielt aber seine ursprüngliche sozialistischen Überzeugungen. Nach wie vor waren für ihn soziale Gerechtigkeit und das Eintreten für Menschenrechte die oberste Richtschnur seines politischen Handelns. Sein Hauptinteresse galt aber der Sowjetunion und der kommunistischen Weltbewegung, für die er zwei Jahrzehnte seines Lebens aktiv tätig gewesen war.

In Schweden erlebte Tuominen den Leidensweg vieler seiner früheren Kampfgefährten aus den Jahren der Kommunistischen Internationale. Karl Radek, auf dem Moskauer Schauprozeß 1937 verurteilt, verstarb 1939 in einem Stalinschen Lager. Leo Trotzki wurde im August 1940 von NKWD-Agenten in Mexiko ermordet. Eduard Gylling, sein langjähriger Freund, von 1923–35 Vorsitzender des Rats der Volkskommissare der Autonomen Sowjetrepublik Karelien, 1937 verhaftet, verstarb 1944 ebenfalls in einem Stalin-Lager. In Stockholm erfuhr Tuominen von der Auflösung der Komintern im Frühsommer 1943 und von den Schauprozessen im Nachkriegs-Osteuropa, denen manche, die er aus seiner Kominternzeit her kannte, zum Opfer fielen. Tuominen machte sich zur Aufgabe, die Vergangenheit in einer Reihe von Büchern aufzuarbeiten, die jedoch erst, als er im Frühjahr 1956 von Stockholm nach Finnland zurückkehrte, erschienen.

In Finnland trat er erneut der Sozialdemokratischen Partei bei – jener Partei, in der er bereits in seiner Jugend so aktiv mitgewirkt hatte. Er lebte wieder in Tampere und war sozialdemokratischer Parlamentsabgeordneter. Seine Bücher erzielten in Finnland hohe Auflagen. Drei autobiografische Werke standen im Mittelpunkt: Das erste war „Sirpin ja vasaran tie", das zweite und besonders wichtige war „Kremlin Kellot" („Die Glocken des Kreml"), 1956 in Helsinki erschienen und kurz darauf auch in einer schwedischen Übersetzung. Sein drittes Buch „Maan ala ja päällä" („Untergrund und darüber"), Helsinki 1958, beschrieb die Ereignisse der zwischen den beiden vorher genannten Büchern liegenden Periode. Hinzu kamen, nach einer Pause, noch seine Bände „Myrskyn ai kaa" („Während des Sturms"), Helsinki 1970, und „Myrskyn mentyä" („Nach dem Sturm"), Helsinki 1971.

Außerhalb Finnlands sorgte Piltti Heiskanen, der spätere Herausgeber der Werke Tuominens, für Verbreitung. Mitte Mai 1956 traf er erstmals mit Tuominen in Finnland zusammen. Aus dieser ersten Begegnung entstand eine langjährige Zusammenarbeit. Piltti Heiskanen berichtet über stundenlange Gespräche, die er auf Band aufnahm. Er stellte Tuominen viele zusätzliche Fragen, verifizierte wichtige Daten und überprüfte Fakten, wobei ihm Tuominens hervorragendes Gedächtnis sehr geholfen hat. Der vorliegende Band enthält Materialien aus fünf von Tuominen verfaßten Büchern und den erwähnten Tonbandaufzeichnungen, die unter dem Titel „Stalins Schatten über Finnland" nun auch dem deutschsprachigen Leserkreis zugänglich gemacht werden konnten.

Tuominen legte besonderen Wert darauf, daß seine Erinnerungen auf die Stalin-Ära beschränkt blieben: „Ich möchte besonders darauf hinweisen, daß meine Memoiren die Zustände und Ereignisse auf dem Höhepunkt der Macht Stalins schildern.“ Er räumte ein, daß sich seit Stalins Tod vieles in der Sowjetunion geändert habe. Tuominen kam es darauf an, den Unterschied zwischen der Leninschen Revolutionsperiode und der Stalin-Ära zu verdeutlichen. Stalin war für Tuominen niemals ein Fortsetzer der Sache Lenins gewesen. Mehrmals erwähnte Tuominen, daß Lenin, wenn er am Leben geblieben wäre, vieles nicht getan hätte, was später unter dem Stalinismus geschehen ist. Tuominen glaubte auch, daß Lenin niemals Finnland militärisch angegriffen hätte, wie dies im November 1939 durch Stalin geschehen sei. Tuominens Überzeugung, die Entwicklung der Sowjetunion hätte sich, wenn Lenin am Leben geblieben wäre, ganz anders gestaltet als unter Stalin, war eine Überzeugung, die er mit vielen alten Bolschewiki teilte. Er beschäftigte sich jedoch nicht mit der Frage, die in jüngster Zeit immer wieder aufgeworfen wurde, ob nicht Lenin den Weg geebnet habe, auf dem Stalin seine Politik hat verfolgen können.

Seit den sechziger Jahren wurde Tuominen als letzter Überlebender der Revolutionsperiode der Kommunistischen Internationale besucht, interviewt und geehrt. Außer ihm gab es nur noch einen einzigen anderen Überlebenden, den Finnen Otto Kuusinen. Beide gehörten zu den Gründern der KP Finnlands, hatten wichtige Funktionen der Komintern inne und lebten gemeinsam in Moskau im „Dom Prawitelstwo“ –, aber ihre unterschiedliche Entwicklung seit 1939 könnte kaum größer sein. Tuominen hatte mit dem System Stalins gebrochen, weil er nicht ein Satellitenführer des Kremls in Finnland sein wollte. Kuusinen dagegen hatte sich völlig der Moskauer Führung ergeben, machte alle Winkelzüge Stalins mit, sah tatenlos zu, wie die Stalinsche Staatspolizei seinen eigenen Schwiegersohn erschoß, seinen Sohn und seine Frau Aino ins Gefängnis warf. Nach dem Tode Stalins unterstützte Kuusinen genau so treu Chruschtschows Entstalinisierung. Unter Chruschtschow war Kuusinen seit 1957 sogar Mitglied des Parteipräsidiums (Politbüro), des höchsten Machtzentrums der Sowjetunion. Im Mai 1964 verstarb Kuusinen 83jährig in Moskau; er erhielt eins der größten Staatsbegräbnisse, die es je in der Sowjetunion gegeben hatte.

Nach dem Tode Kuusinens war Tuominen der letzte überlebende Zeitzeuge aus den Gründerjahren der Kommunistischen Internationale. Er war einen gradlinigen Weg gegangen. Wäre es ihm nicht gelungen, sich nach Stockholm abzusetzen, hätte Tuominen kaum die 30er und 40er Jahre unter Stalin überlebt. Während seines ganzen Lebens – und dies ist wiederholt bestätigt worden – hat er niemals einen einzigen Menschen denunziert. Er arbeitete hart bis an sein Lebensende im Jahre 1981.

Zwei Jahre später erschienen seine Memoiren auf englisch, die nunmehr auf deutsch vorliegen. „Tuominen hat die Zustände in der Sowjetunion zur Stalin-Zeit aus eigener Anschauung und aus nächster Nähe in hoher Position miterlebt und besticht in seinem Bericht durch seine Ehrlichkeit, mit der er sich zu seinen Fehlern und Fehlurteilen bekennt. Ich habe noch kein Buch gelesen, das einen so tiefen Einblick in die Strukturen des sowjetischen Systems unter Stalin vermittelt", bemerkt der Übersetzer des vorliegenden Buches Hans Jürgen Baron von Koskull.

Diesen Äußerungen kann ich voll und ganz zustimmen.

Manderscheid/Eifel, Juni 1986 *Wolfgang Leonhard*

ERNST BLOCH

„Sozialismus und Kommunismus ist dasjenige, was unter dem Namen ‚Moral' schon lange vergebens gesucht worden ist. Und der Reiz, das zu finden und durchzuführen wird niemals aufhören, auch wenn er unter noch so vielen verschiedenen Formen mit veränderten Theorien mit anderen Lösungsworten, aber doch mit diesem unverrückbaren Ziel von Menschwerdung, aufrechtem Gang, erhobenem Haupt, Ende der Notwendigkeit, Anbruch der Freiheit – wenn er in diesem Zeichen vorgehalten wird und auch nur die Anfänge endlich so sind, daß man auf die Mitte und auf das Ende dieses Erfolgs wohl vertrauen kann."

ERNST FISCHER

„Ich muß sagen, die Grenzüberschreitung der Sowjetunion ist für mich ein dauerndes Erlebnis. Das Blasorchester spielte nicht sehr gut, aber es spielte die Internationale – damals war es noch die Hymne der Sowjetunion – dieses Bewußtsein hat mich ergriffen und erschüttert. Die Ankunft in Moskau selbst war widerspruchsvoll. Ich hatte erwartet, die Fahnen werden rot sein, und die Fahnen waren grau, und ich selber sagte mir: das darf nicht so sein, das kann nicht so sein. Du täuscht Dich, die Fahnen sind rot, denn sie müssen rot sein. Und ich muß sagen, aus dieser Ambivalenz bin ich nicht herausgekommen."

*

Über die Reihe „Europäische Zeit-Zeugen"

„Streng geheim" ist der meistgebrauchte Stempel im kommunistischen System. Wer wissen will, wie es wirklich zugeht, welche Entwicklungen sich anbahnen, welche Konflikte ausgetragen werden, ist auf Autoren angewiesen, die das System aus eigener Erfahrung kennen, die die Sprache des Landes, der Funktionäre und der Ideologie beherrschen, die die Schachzüge und Strategien des Sowjetstaates verstehen und analysieren können. Lesenswerte und glaubwürdige Erinnerungen dieser Art sind in den verschiedensten Ländern und Sprachen erschienen. Die neue Reihe „Europäische Zeit-Zeugen“ setzt sich zum Ziel, dem deutschen Leser Zug um Zug aufschlußreiche Berichte in kompetenter Übersetzung zugänglich zu machen.

Das Verständnis von Kommunismus in unserer Zeit ist überwiegend emotional geprägt; entweder Haß und Verachtung oder Beschönigung und Idealisierung. Darum sind Schriften notwendig, die so objektiv wie möglich über Menschen im Schnittpunkt von Anspruch und Realität berichten.

Besondere Beachtung finden Schriften, in denen das Ringen um eine Liberalisierung dargestellt wird und die die bisherigen Wandlungsversuche im Ostblock schildern. Sie stellen die These von der angeblichen Umwandelbarkeit des Systems in Frage und unterstreichen Möglichkeit und Notwendigkeit von Reformen. Es geht in dieser Reihe nicht darum, neue Feindbilder aufzubauen oder alte zu bestätigen, sondern bewußt jenen Weg auszuleuchten, auf dem schließlich eine Verständigung zwischen Ost und West erreicht werden kann, allen täglichen Enttäuschungen zum Trotz. Es geht um die konstruktive ideologische Auseinandersetzung. Hierzu gehört ein vertieftes Verständnis der Bewegung und der Ideologie: Unwissenheit führt zu emotionalen Handlungsweisen und zu Vorurteilen. Verstehen aber zu Verständigung durch Ringen um den besten Weg.

Diese zeitgeschichtlichen Informationen sollen einem möglichst breiten Leserkreis zugänglich gemacht werden. Darum wurde die Publikationsform des preiswerten Taschenbuchs gewählt. Darum werden nicht abstrakte politische Analysen, sondern authentische Lebensberichte vorgelegt. Die meisten Menschen fühlen sich weit mehr von persönlichen Erinnerungen angesprochen. Das zeigte zum Beispiel die Reaktion auf die Fernsehserie „Holocaust“, die mehr Betroffenheit ausgelöst hat als die gesamte dokumentarische Aufarbeitung des Nationalsozialismus der letzten Jahre.

Betroffenheit soll auch die neue Serie „Europäische Zeit-Zeugen" auslösen; denn sie handelt vom Schicksal eines Drittels der Menschheit, die unter „marxistischem" Vorzeichen leben und arbeiten muß. Wie sieht der Alltag in Osteuropa aus? Wie leben und was denken die kleinen und großen Machthaber? Wie konnte eine Handvoll entschlossener Funktionäre ganze Völkerschaften unter ihre Herrschaft bringen? Und: Wie reagieren überzeugte Marxisten im Westen auf die schneidenden Widersprüche zwischen ideologischer Verheißung und praktischer Machtpolitik? Wo liegen die Chancen zur Veränderung?

Mit Wolfgang Leonhard hat einer der angesehensten Sowjetologen und Kommunismus-Forscher die Herausgeberschaft übernommen. Den Anstoß für seine späteren Forschungen gaben die 14 Jahre, die er in seiner Jugend im sowjetischen Machtbereich verbracht hatte. Zusammen mit seiner Mutter, einer prominenten Kommunistin, kam er 1935 nach Moskau, wo er später in Kaderschulen erzogen wurde. Als Mitglied der „Gruppe Ulbricht" befand er sich 1945 im ersten Flugzeug, das gegen Ende des Weltkrieges aus Moskau nach Berlin flog, um dort die Grundlagen der späteren Parteiherrschaft zu errichten. Seine Flucht aus Ost-Berlin im März 1949 erregte Aufsehen. Millionen Leser kennen inzwischen seinen inneren Weg.

Sein Buch „Die Revolution entläßt ihre Kinder" ist ein Weltbestseller geworden. Nach Studien in Oxford und New York lehrt er seit 1966 an der Yale University in den USA. Mit dem deutschen Publikum blieb er in Kontakt durch seine zeitgeschichtlichen Publikationen, zahlreiche Vorträge und Fernsehinterviews. Zusammen mit seiner Frau, Dr. Elke Leonhard, die u. a. durch zeitgeschichtliche Fernseh-Dokumentationen bekannt wurde, baut er an seinem deutschen Wohnsitz Manderscheid zur Zeit ein Institut auf, das sich um ein vertieftes Verständnis der kommunistischen Weltbewegung bemüht. Dazu gehören die Förderungen von Forschungsarbeiten jüngerer Wissenschaftler, Expertentagungen sowie vor allem die Herausgabe der Reihe „Europäische Zeit-Zeugen".

Auf einem Empfang zum 65. Geburtstag von Wolfgang Leonhard würdigte Lew Kopelew die Arbeit des bekannten Sowjetologen und unterstrich die Bedeutung der neuen Taschenbuchserie in der Herderbücherei.

Er empfinde eine tiefe Wahlverwandtschaft mit seinem Freund Leonhard. Beide hätten sie, ursprünglich glühende Marxisten, die Front gewechselt, ohne ihre Ideale über Bord zu werfen: die Suche nach Gerechtigkeit und Menschenwürde. Dies sei leichter gesagt als getan. Die Gefahr des Antikommunismus bestehe darin, mit der Abkehr vom System alles zu verbrennen, was einem gestern noch heilig war. Wolfgang Leonhard aber kämpfe seit seiner sensationellen Flucht aus Ost-Berlin unermüdlich um Verständnis für die Völker im Osten, so auch jetzt in seiner neuen Taschenbuchreihe.

In seiner Dankrede erinnerte Wolfgang Leonhard die Politiker an die Grenzen ihrer Einflußmöglichkeiten in den West-Ost-Beziehungen. Man dürfe nicht nur an das Politbüro denken. Eine erfolgsversprechende Entspannungspolitik müsse, auf einer zweiten Ebene, dafür sorgen, daß sich die Menschen verstehen lernen. Darin sehe er, ebenso wie Lew Kopelew, seine wichtigste Aufgabe. So sehe er auch die Reihe der „Europäischen Zeit-Zeugen" als Versuch eines Brückenschlages.

Europäische
Zeit-Zeugen

Herausgegeben von Wolfgang Leonhard

Wolfgang Leonhard
Der Schock des Hitler-Stalin-Paktes
Erinnerungen aus der Sowjetunion, Westeuropa und USA
Band 1280, 192 Seiten

Vladimir Goljachowski
Arzt in der Sowjetunion
Band 1281, 256 Seiten

Waldemar Kuczynski
Polen, 13. Dezember 1981
Tagebuchberichte eines Betroffenen
Band 1283, 160 Seiten (erscheint im Februar '87)

Jiri Hajek
Begegnungen und Zusammenstöße
Erinnerungen des ehemaligen tschechoslowakischen Außenministers
Band 1284, 192 Seiten (erscheint im März '87)

Herderbücherei

Susanne Leonhard

Fahrt ins Verhängnis

Als Sozialistin in Stalins Gulag
Band 998, 256 Seiten

Als überzeugte Sozialistin suchte Susanne Leonhard vor der drohenden Verhaftung durch das Hitler-Regime Zuflucht in der Sowjetunion. Die engagierte Publizistin hatte zuvor in regem Kontakt mit führenden kommunistischen Intellektuellen gestanden, obwohl sie gegenüber der offiziellen Politik Stalins eine zunehmend kritische Haltung einnahm. Wie zahllose andere Emigranten und Millionen von Sowjetbürgern wurde Susanne Leonhard 1936 im Zuge von Stalins Säuberungsterror verhaftet und auf Grund absurder Beschuldigungen in den Archipel Gulag verschickt. Getrennt von ihrem in Moskau zurückgebliebenen Sohn, dem späteren Sowjetologen Wolfgang Leonhard, verbrachte sie zwölf Jahre als Arbeitssklavin in Sibirien. Ihr Bericht, 1956 nach der Rückkehr nach Deutschland erstmals publiziert, schildert nüchtern und ohne Haß diesen langen Leidensweg. Das menschlich ebenso bewegende wie zeitgeschichtlich erhellende Zeugnis, das stellvertretend steht für viele ähnliche Schicksale der dreißiger und vierziger Jahre, ist nun durch diese Taschenbuchausgabe wieder neu zugänglich geworden.

Neue Zürcher Zeitung